Erfahrung ist nicht das, was einem zustößt. Erfahrung ist das, was man aus dem macht, was einem zustößt.

Aldous Huxley

Stephan Kinkele

Das Maultier und andere Niederlagen

Heiteres aus dem Leben eines Reiseleiters

© 2020 Stephan Kinkele

Verlag & Druck: tredition GmbH, Halenreie 40-44, 22359 Hamburg

Redaktionelle Bearbeitung: Christian Schramm
Cover Design: Petra Krönner

ISBN
Paperback: 978-3-347-05543-8
e-Book: 978-3-347-05544-5

Dieses Buch erzählt von den Abenteuern eines Reiseleiters, der in den vergangenen dreißig Jahren mit etwa fünftausend Menschen einmal um die Welt gewandert ist.

Ehrlich. Alle Kilometer, die ich in meinem Leben als Natur- und Kulturführer gelaufen bin, ergeben zusammen 42.000. Das ist mehr als der Erdumfang. Können Sie nachschlagen.

Heldentaten sind auf diesem Wege allerdings nicht entstanden, eher Erschöpfung, Senkfüße und Rückenprobleme - nette Menschen und jede Menge Begegnungen der besonderen Art inbegriffen.

Gerade deshalb habe ich Reiseleitung immer als Herausforderung empfunden, oft als Geschenk. Man gerät in die seltsamsten Situationen und entdeckt die Welt.

Moral der Geschichte? Nicht zögern! *Reisen und Wandern* öffnen den Blick für das Mögliche.

Niederlagen gehören dazu.

Jede Reise beginnt mit dem ersten Schritt

Eigentlich wollte ich Lehrer werden. Lehrer reden gerne, Lehrer hören gerne zu und Lehrer schätzen eine gute Performance. Also kein böses Wort über Lehrer! Ich habe immer viel Spaß mit ihnen gehabt. Aber dazu später.

Das Schicksal wollte mir den Lehrerwunsch nicht erfüllen. Das Letzte, was die Schulbehörde „zu meiner Zeit" suchte, waren Fachvertreter für Deutsch- und Philosophie. Also folgte ich einer frischen Idee und studierte Völkerkunde und Volkskunde.

Eine ethnologische Feldforschung führte mich nach Griechenland, wo ich mein Herz verlor. Ein Jahr lang auf einer griechischen Insel und eine Liebe in Athen. Wichtigere Grundlagen gab es nicht.

Einige Jahre später reichte mir meine Frau die Anzeige eines Abenteuer-Reiseveranstalters, der Wanderreisen auf der ganzen Welt anbot. Mein Herz schlug schneller. Vor einiger Zeit war ich mit drei Maultieren und einem australischen Fotografen von der albanischen Grenze über das gesamte Pindus-Gebirge gewandert. Ein Jahr mit Wandern und Maultieren in Griechenland lag hinter mir. Das Inserat kam gerade recht. In der Villa des kleinen Veranstalters stellte sich heraus, dass eine Tätigkeit als Subunternehmer weitaus lukrativer war als das Honorar einer

Reiseleitung. Doch auf einem Test meiner Fähigkeiten bestand der Chef.

Gesagt, getan. In der nächsten Saison ging ich zum ersten Mal für den Veranstalter in Griechenland auf Tour und erhielt bereits auf dieser ersten Reise eine deftige Lektion.

Bereits am zweiten Tag der Reise erfuhr ich, dass der Busfahrer Jannis - fünfzig Jahre alt und gut aussehend - ein System entwickelt hatte, mit dem er die Herzen einzelner Teilnehmerinnen schrittweise eroberte, bis sie in der Stadt Nafplion „reif sind", wie er mir erklärte. Er hatte bereits eine Teilnehmerin im Auge und für mich die ältere Freundin seiner jungen Auserwählten.

Mit so einem Start in mein neues Arbeitsleben hatte ich nicht gerechnet. Schon am Abend zuvor war ich als Letzter im Speisesaal des Hotels erschienen und fand den einzigen freien Platz am Tisch des Busfahrers, an dem auch die beiden von ihm auserwählten Teilnehmerinnen saßen. Wir drei kannten uns bereits flüchtig durch die Vorstellungsrunde am Nachmittag.

Nachdem ich nun vom unseligen Plan des Busfahrers wusste, betrat ich am folgenden Abend als Erster den Saal, um mich anderen Gästen zu widmen. Doch kurz darauf tauchten wieder die beiden Teilnehmerinnen mit Jannis im Schlepptau auf und setzten sich zu mir. Die beiden Frauen gingen während des Essens begeistert auf sein Angebot ein, anschließend mit der ganzen Gruppe ein *Bouzouki* zu besuchen, ein typisch griechisches Lokal. Die Kneipe hatte die Größe eines Zimmers und bestand hauptsächlich aus einer Tanzfläche. Auf den Bänken rundherum konnte man sich ausruhen. Rembetiko dröhnte aus den Lautsprechen. Griechischer Blues.

Mit uns vierundzwanzig Gästen war die Bude vom ersten Augenblick an voll und Körperkontakt in alkoholisierter Stimmung unausweichlich. Später am Abend fiel mir die Angebetete des Busfahrers lachend um den Hals und suchte mein Ohr: „Du, der Jannis schiebt mich hier von Wand zu Wand und flüstert mir immer zu, ich sei die Schönste der Welt und er habe ein Leben lang auf mich gewartet."

Allmählich begriff ich, was vor sich ging: Die ältere Freundin, die Jannis mir zugedacht hatte, zeigte große Interesse an ihm, während seine Angebetete offensichtlich begann, einen Blick auf mich zu werfen.

Nun, all das geschah, während ich die Pflichten eines Reiseleiters durchaus erfüllte. Die Tour führte auf klassischer Strecke von Korfu nach Athen. Die Gäste schienen meine Abenteuer und Erzählungen aus dem griechischen Leben gerne zu folgen, lachten oft und klatschten. Doch das Mikrofon hielt meistens die griechische Fremdenführerin Eleni in der Hand, die gekonnt aus der Antike berichtete und uns stundenlang durch die archäologischen Stätten führte. Da wir beide Frühaufsteher waren, trafen wir uns jeden Morgen im leeren Frühstücksraum des jeweiligen Hotels, sobald der Kaffee zu holen war. Leider hatte sie keine Zeit für mich, denn vor ihr lagen jede Menge handbeschriebener Zettel, mit deren Studium sie offensichtlich voll beschäftigt war. Während ich den Tag über von dem berichtete, was ich erlebt und studiert hatte, bereitete sie jeden Morgen jeden ihrer Vorträge eine gute Stunde lang vor und glänzte so an den antiken Stätten mit lockerem Vortrag in ansprechender und frei gehaltener Rede, mit historischen Details und Zahlen.

Diese Sorgfalt beeindruckte mich, denn die gefühlvollen Vorträge, die sie mit lebhafter Mimik und Gesten anreicherte, basierten offensichtlich auf der intensiven täglichen Vorbereitung.

Eleni kannte den Busfahrer Jannis schon länger und konnte ihn nicht ausstehen. Kurz vor Athen bekam sie zufällig ein Gespräch zwischen mehreren Frauen im Bus mit und ließ in feinstem Deutsch den Satz los: „Liebe Teilnehmerinnen, der Ruf der griechischen Männer als gute Liebhaber ist nichts als ein abgegriffener Mythos, die Realität ist langweilig und ernüchternd."

Ich konnte sehen, wie Jannis wütend den Kopf einzog. Er war an diesem Tag sowieso übel gelaunt. Sein Plan lief nicht so, wie er sich das vorgestellt hatte. Während einer Mittagspause erklärte er mir, er würde die beiden Tage in Athen bei seiner Frau verbringen und fügte hinzu, ich solle ihm bloß nicht in die Quere kommen. Die weitere Strecke über die Peloponnes war die entscheidende.

Mir war sein Verhalten inzwischen egal. Ich hatte klare Verhältnisse geschaffen und mich mit den beiden Teilnehmerinnen darauf geeinigt, weder ihn noch die absurde Situation allzu ernst zu nehmen. Doch dieses Gleichgewicht wurde in Athen auf die Probe gestellt.

Die Ursache lag in dem Abendprogramm, mit dem die Agentur uns *Athen bei Nacht* zeigen wollte. Ich konnte es kaum glauben: Da schickte man uns in eine billige Touristenkneipe, wo kleine Japaner genötigt wurden, als griechische Hirten verkleidet auf der Bühne auf Stühle zu steigen, um große blonde Schwedinnen zu küssen. Als wir reinkamen, verließen gerade fünfzig Japaner geschlossen das Lokal. So fanden wir Platz an den Tischen in der ersten Reihe vor der Bühne. Evzonen tanzten im Kreis. Die Palastwächter schwitzten in warmen Wollstrumpfhosen, weißen Röckchen und gefilzten Westen. Wir teilten den billigen Wein, der im Preis inbegriffen war. Genau in diesem Augenblick tanzte ein dicker Evzone schräg oben an uns vorbei. Seine Schweißtropfen flogen in unsere Gläser und erzeugten kleine Wellen. Er hatte offenbar keine Ahnung von dem fünfmarkstückgroßen Loch im Zenit seiner Strumpfhose, durch das er uns während seines Beinhebens großzügige Einblicke gewährte.

Endlich draußen aus der Spelunke verspürte ich den unstillbaren Drang, den Gästen das wirkliche Athen bei Nacht zu zeigen. Doch kaum hatte ich dieses Angebot ausgesprochen, winkte die Gruppe ab. Es war ein langer Tag gewesen und Griechisch hatten sie jetzt auch genug.

Nur die beiden netten Teilnehmerinnen waren andrer Meinung. „Oh, das ist großartig!", rief die Jüngere, während die Ältere freudig zustimmte. So landeten wir drei unter Weinreben auf einer Dachterrasse in Monasteraki mit Blick auf die erleuchtete Akropolis und die Sterne am Nachthimmel. Wir lachten, tranken Ouzo und führten gute Gespräche. Irgendwann fragten wir uns, wie es wohl Jannis erging und lachten noch mehr.

Bei mir waren es elf Ouzos. Mir ist diese Zahl irgendwie in Erinnerung geblieben. Meine beiden Mitstreiterinnen hatten bestimmt auch gemeinsam ein Dutzend intus.

Als wir in den frühen Morgenstunden durch die Altstadt schwankten und ein Taxi suchten, fiel mir ein, dass mich im Hotel ein Problem erwartete. Ich teilte mein halbes Doppelzimmer mit einem Gast und es gab nur einen Schlüssel. Wenn die Tür zugeschnappt war, kam ich nicht in mein Bett und musste meinen Zimmerpartner aufwecken. „Oh Mann, Mist", entfuhr es mir.

„Was ist denn los?", fragte die Jüngere.

Als ich meinen Gedanken mitteilte, hakten die beiden Frauen sich bei mir unter. „Och, da fällt uns schon was ein", sagte die Ältere und beide lachten.

Als wir am nächsten Tag mit Jannis, dem Busfahrer, weiter nach Nafplion fuhren, fragte er mich in einer Pause: „Na, wie war's am Wochenende?"

„Po, Po, Po", antwortete ich mit der dazugehörigen kreisenden Handbewegung, die unter griechischen Männern keiner weiteren Erklärung bedurfte.

Natürlich war nichts geschehen. Mein Zimmergenosse hatte die Tür offengelassen. Wir drei verstanden uns nur gut, und diese Stimmung wirkte den Rest der Reise. Selbst mein nächtlicher Einsatz im Hotel in Patras, bei dem ich Jannis nach einem Notruf der Älteren von ihrer Zimmertür vertreiben musste, trübte diesen Eindruck nicht. Sie hatte ihn im Fahrstuhl „abgebusselt" und dann vor ihrer Tür Gute Nacht gesagt. *Oh, Mann*, dachte ich, *was man bei dem Job alles erledigen muss…*

Nun, am Ende der Reise ereilte mich dann doch noch die besagte Lektion. Mit der Ankunft der Fähre in Korfu Stadt galt es Abschied zu nehmen. Die Fremdenführerin Eleni und ich stiegen aus. Als wir winkten, sprangen die beiden Teilnehmerinnen noch mal zu uns raus und verabschiedeten sich von mir. Dabei ergriffen beide meine Hand und küssten mich auf die Wangen. Eleni stand neben mir und erstarrte. Im Bus verfolgte die gesamte Gruppe das Schauspiel. Mir wurde heiß und kalt zugleich und ich begriff: Alle glaubten, ich hätte eine Affäre mit den beiden gehabt. Dieser Abschied war für die gesamte Gruppe der sichtbare Beweis.

Eleni sagte kein einziges Wort mehr. Mit verkniffenem Gesicht begleitete sie mich zur Agentur, in deren Büro unsere Begegnung endete. Für sie war ich einer wie Jannis und keiner weiteren Beachtung mehr wert.

***

Wo sind die Maultiere?

Auf der Rückfahrt mit dem Auto nach Deutschland schaffte ich es gerade noch durch Slowenien, bevor der Balkankrieg ausbrach. Hinter mir gingen die Schranken runter. Es war eine gespenstische 32-Stunden Fahrt an diesem 24. und 25. Juni 1991, an Panzern vorbei. Während ich in Serbien Militärkolonnen überholte, ging mir die Niederlage meiner ersten Reiseleitung nicht aus dem Kopf. Was hatte ich falsch gemacht, dass mich eine Kollegin wie Eleni, die ich so bewunderte, mit Verachtung strafte?

Erst als ich in München eintraf, war mir der Fehler klar: Ich hatte mich unprofessionell verhalten. *Bei diesem Job gehörst du allen*, dachte ich. *Vergiss das nie! Du bist nicht privat auf Reisen, sondern beruflich. Es ist Arbeit und kein Privatvergnügen. Vor allem sei dir immer bewusst darüber, was du gerade tust. Reiseleitung funktioniert nicht so einfach nebenbei, sie erfordert dein ganzes Können und Wollen.*

Mit dieser Erkenntnis kehrte ich nach Hause zurück und bereitete mich auf die erste Tour als Subunternehmer vor, die bald stattfinden sollte. *Wandern und Trekking in klassischer Landschaft* hieß sie und führte über die Peloponnes. Das Projekt war wichtig für mich. Ich hatte einige Niederlagen einstecken müssen und setzte meine ganze Hoffnung auf eine Zukunft in Griechenland. Ein verfallenes Haus auf der

Insel Kythera hatten meine Frau und ich bereits gekauft.

Grund dieser neuen Lebensperspektive war das Ergebnis der Tour mit dem australischen Photographen und den drei Maultieren zwei Jahre zuvor. Ursprünglich hatte der Plan darin bestanden, mit einem videografischen Film beim Fernsehen als Ethnologe den Auftrag zu ergattern und das Projekt unter dem Titel *Auf dem Maultier durch Griechenland* professionell zu wiederholen. Wir wollten die Geschichte der *Vláchi*, der Wallachen, erzählen. Doch sowohl ein Cappuccino als auch die Folgen der Wende 1989 kamen dazwischen.

Ein Jahr zuvor hatte ich zu diesem Thema einen Termin beim Chef vom NDR- International in Hamburg. Leider verlief die Begegnung anders als geplant. Da ich am Tag des entscheidenden Treffens eine halbe Stunde zu früh vor dem Studiohaus stand, beschloss ich noch einen Kaffee zu trinken und setzte mich bei einem Italiener in der Nähe in den Vorgarten. Es hatte über Nacht geregnet und in meiner Aufregung übersah ich die Pfütze auf dem Stuhl. Pures Entsetzen packte mich, als mein Hintern innerhalb einer Sekunde klatschnass war. Nur noch fünfzehn Minuten bis zum Termin! Ich sprang auf und rannte zur Toilette. Mit dem Hinterteil unter dem Händetrockner blieben mir zehn Minuten. Ich wusste, dass das nicht reichte, um erstens meine Hose zu trocknen und zweitens rechtzeitig im Büro des NDR-Chefs zu erscheinen, um mein großartiges Projekt vorzustellen.

Mit klopfendem Herzen packte ich den Aktenkoffer und marschierte zum Studiohaus. Das Büro des Chefs lag am Ende eines riesigen Großraumbüros. Mir war klar, dass es für alle Mitarbeiter an den Schreibtischen aussah, als hätte ich mir gerade in die Hose gepinkelt oder Schlimmeres. In meiner Verzweiflung hielt ich den Aktenkoffer hinter das Gesäß und hoffte, niemand würde meinen nassen Hintern bemerken.

Ich hatte mich schick gemacht für diesen Termin: grüne Hose, weiße Schuhe, ein balinesisches Hemd und ein passendes Jackett dazu. Auf meiner Krawatte prangte ein Saxophonspieler. Ich fand das „cool".

Kaum hatte ich die Tür zum Chefbüro geöffnet, sah ich den Chef hinter dem gläsernen Schreibtisch in seinen Sessel gelehnt. Er blickte ernst, trug Nickelbrille, Jeans und einen Rollkragenpullover.

Mein nasser Hintern spielte plötzlich keine Rolle mehr. Ich kam mir vor wie ein Clown. Der Chef nahm sich eine viertel Stunde Zeit für mich, schaute durch meine Referenzen und Fotos der Tour und sagte am Ende: „Nordgriechenland, wen interessiert denn das? Die deutsche Grenze ist offen. *Hamse nich wat aus'm Osten*?"

In diesem Augenblick platzte der Traum. Später begriff ich, dass man – abgesehen von den geschichtlichen Umwälzungen, die gerade geschahen - als Außenstehender in einer Institution oder Firma nur eine Chance hat, wenn man bereits Erfolge vorweisen kann. Ist man in einer Firma oder Institution bereits verankert, kommen die Chancen von ganz allein.

Damals wollte ich „mein Ding" machen, frei sein und mich nicht unterordnen. Ein Leben als Angestellter schien mir ein Gefängnis zu sein und Einkommen war gottseidank nicht das Problem. Meine beiden Brüder und ich besaßen eine Firma. Gemeinsam mit einem Freund hatten wir eine kunsthandwerkliche Technik aus farbigem Sand, Glas und Licht erfunden, die uns zwei Patente einbrachte und ernährte. Doch mein Traum bestand nicht darin, auf Fachhandelsmessen der Verkäufer eigener Produkte zu sein. Ich wollte in die Welt hinaus und Abenteuer erleben.

Aus diesem Grund war das aktuelle Angebot verlockend, als Subunternehmer drei Reisen im Jahr in Griechenland durchzuführen. Meine Frau und ich hatten uns ausgerechnet, dass der Gewinn dieser drei Reisen mit dem Einkommen aus der Firma ausreichte, um in unserem Haus auf Kythera zu leben. So ließen wir Deutschland hinter uns und zogen im Sommer 1991 mit Sack und Pack nach Kythera.

Von dort aus lief die Tour mit dem Wandern und Trekking im ersten Jahr erstaunlich gut. Alle Termine waren ausgebucht. Einnahmen flossen. In der Bankfiliale unserer Insel grüßte man mich äußerst freundlich, nachdem ich mehrmals 1,2 Millionen Drachmen in bar für die Reisekasse abgehoben hatte. Es waren ziemlich viele Geldbündel aus Fünftausendern. Die Scheine passten kaum in meinen Rucksack. Man hielt mich für reich. Niemand dort wusste, dass der Umsatz im Tourismus stark ist und der Gewinn winzig. Zudem das Risiko. Man muss klug wirtschaften. Deshalb arbeitete ich bei dieser ersten Tour nur mit Partnern, mit denen mich eine geschäftliche Freundschaft verband. Auf die konnte ich mich verlassen.

Adonis, mein neuer Busfahrer, war ein solcher Partner und Freund; ein gut erhaltener Fünfziger von gedrungener, aber angenehmer Gestalt. Typ Bärchen mit Bart. Er konnte wunderbar tanzen und singen, alle Strophen der Lieder, mit denen er als Zwanzigjähriger gegen die Junta angesungen hatte. Von ihm habe ich gelernt, wie man in den Bergen Arkadiens mit dem Saft der Wolfsmilch Forellen fängt und einen anständigen Tsamiko tanzt. Er war Eigentümer eines Busses und sein einziger Fahrer, ein Kleinstunternehmer. Gemeinsam rumpelten wir über die Peloponnes, brachten unseren Gästen griechische Tänze bei und feierten in abgelegenen Bergdörfern mit Bauern und Hirten wilde Nächte. *Abenteuer* stand über allem. In dieser Zeit veränderte sich Griechenland rasant. Deshalb suchte ich nach dem Alten, Echten und Authentischen und fand es im Taygetos, in Lakonien und auf der Mani. Mir wurde schnell klar, dass im unmittelbaren Erleben einer fremden Welt das Besondere für die Gäste liegt. Reisen an sich ist ein archaischer Vorgang, vor allem zu Fuß. Bereits vor dreihunderttausend Jahren sind Menschen durch die Welt gezogen. Auf Wanderungen dringen wir noch heute in einen unbekannten Raum vor, den wir uns mit unseren Sinnen, Gefühlen und schließlich mit dem Verstand erschließen. Auf den Pfaden durch Natur und Wildnis lernt der Mensch Neugier, Aufmerksamkeit und ein untrügliches Gespür das Hier und Jetzt. Es heißt, man war nur dort, wo man zu Fuß gewesen ist.

Damals in Griechenland merkte ich schnell, wie ein Gespräch mit einer alten Frau am Feldrand oder das Kaffeetrinken mit Männern im Dorfkafenion die Gäste zusätzlich in Hochstimmung brachte. Sich selbst im Kontakt mit fremden Menschen zu spüren ist eines der vielen Geheimnisse, die das Reisen bereithält - vor allem beim Wandern abseits der großen Straßen.

Leider geht oft auch mal etwas schief.

Auf der ersten Tour im zweiten Jahr übernachteten wir wie gewohnt am dritten Tag auf der Peloponnes in einer Berghütte im Parnonas-Gebirge. Es war heiß an diesem Tag im Mai. Der Weg zur Hütte war beschwerlich. Adonis brachte uns mit dem Bus in das kleine Dorf, von dem aus wir auf einem alten Pfad drei Stunden lang hinauf zur Hütte stiegen, die auf 1400m Höhe lag. Während wir schwitzend hinauf stapften, lud er für gewöhnlich das Übernachtungsgepäck auf den Pickup des Hüttenwirts des Bergwandervereines Sparta. Der Wirt brachte unsere Taschen und Rucksäcke mit dem Pickup über die Piste zur Hütte, wo er uns mit einem warmen Quartier erwartete. Da keiner von uns viel Zeug den Berg hinaufschleppen wollte, gingen wir an diesem Tag mit leichtem Gepäck und nur in T-Shirts los. Es fühlte sich angenehm an.

Doch oben erwartete uns eine Überraschung.

„Hey, das gibt es doch nicht. Da ist keiner. Die Hütte ist geschlossen!", rief einer der Gäste.

Wo sonst offene Fensterläden und die angelehnte Tür unsere Gruppe willkommen hießen, stand die Hütte wie ein Bunker vor uns. Die eisernen Läden waren von innen verriegelt. Es bestand keine Chance, in das Gebäude zu kommen. Der Nachmittag ging zur Neige. Nirgendwo war der Hüttenwirt in Sicht. Mir fiel die Prüfungsfrage im Einführungsseminar für Reiseleitung ein: *Du bist mit der Gruppe an einer der wichtigsten und schönsten Kapellen der Reise. Alle sind voller Erwartungen, aber die Kirche ist abgeschlossen. Was machst du?*

„Kommt mal her!", rief ich und winkte die Gruppe in den letzten sonnigen Winkel der Hüttenterrasse. „Ich erzähle euch eine Geschichte. Der Wirt kommt bestimmt jeden Augenblick."

„Gute Idee", antwortete jemand. „Leg' los!"

Mit wenigen Worten erzählte ich von der Expedition durch Nordgriechenland. Dabei spürte ich, wie aufmerksam die Gäste zuhörten. Es interessierte sie, was ich zu erzählen hatte.

„Ja, es war die Verwirklichung eines Traumes. Zwei Jahre hatte ich mir die Szenerie vorgestellt, geplant und gespart. Nun wurde sie Wirklichkeit, gemeinsam mit dem australischen Fotografen Alexander.

In einem kleinen Dorf namens Dilofo an der albanischen Grenze fanden wir ein großes schwarzes Maultier und beschlossen, dass es Alexander gehörte. Da mir die Männer des Dorfes gleich noch eine Stute mit Fohlen im Nachbarort anboten, schlug ich ein und zahlte. Doch zu meinem Entsetzen war die Stute ein winziges Bergpferd und nur halb so groß wie Alexanders Maultier. Als wir nach Dilofo zurückkehrten, ritt ich vorne weg und er hinter mir. Ich drehte mich um. Wie Don Quichote saß er da oben stolz im Sattel - es fehlte nur die Lanze - während mir ein Stockwerk tiefer die Füße über die Erde schleiften. *Ne*, dachte ich, *so reitest du nicht durch Griechenland.*"

„Ich helfe euch", erklärte Petros, der Wirt, eine Stunde später und rief einen Pferdehändler im hundert Kilometer entfernten Florina an.
„Ja, die beiden wollen zwei!", brüllte er in den Telefonhörer, als die Verbindung endlich stand. „Wie? Nein, groß sollen sie sein! Keine Sorge, du bekommst ein junges Bergpferd mit Fohlen dafür."
Alexander und ich sahen uns an. Es funktionierte …
„Is'n Zigeuner", brummte Petros als er auflegte. „Der kommt bestimmt."

Am nächsten Tag erschien der Pferdehändler mit seinem LKW auf dem Dorfplatz und zog zwei stattliche Maultiere von der Ladefläche, ein weißes und ein braunes. Mir fielen die drei Ratschläge meines Freundes Dieter auf Kythera ein, die er mir mit auf den Weg gegeben hatte: „Beim Kauf … die Ohren! Sieh' dir die Ohren genau an. Sie müssen steil nach oben gehen. Daran erkennt man junge Tiere. Bei alten Eseln und Maultieren stehen die Ohren quer. Und dann die Wangen, sie müssen prall sein, dick und rund, nicht eingefallen; und bloß kein Überbiss, das ist ein Zeichen für Alter."

Die beiden Maultiere vor uns wackelten fröhlich mit den Köpfen. Ihr Ohren ragten jung und frisch senkrecht in den Himmel. Und erst die Bäckchen! Sie waren rund und prall.

Nach einigem Handeln tauschten wir die beiden Tiere gegen meine Bergpferde ein. Leider nötigte mich der Händler im letzten Moment, einen weiteren Stapel Drachmenscheine draufzulegen. Doch nach dem Bezahlen verschwand der Ärger und wich einem Gefühl von Stolz.
Zufrieden führten wir die beiden Tiere auf die Wiese, wo Alexanders Muli graste und siehe da, die drei befanden sich auf Augenhöhe. „Wir nennen sie Aristoteles und Platon", sagte Alexander. Ich willigte ein. Die Idee war gut.
„Gehen wir erstmal ein Bier trinken", schlug ich vor. Es war heiß an diesem Tag im August 1989.

Aus dem einen Bier wurden drei. Unsere Laune war einfach zu gut. Es war schließlich nicht leicht gewesen, Maultiere aufzutreiben. Diese Tierart war Teil einer untergehenden Lebensweise und wurde nicht mehr gezüchtet. Maultiere sind unfruchtbar und zu ihrer Vermehrung sowohl eine Pferdestute als auch ein Esel von Nöten. Im vergangenen Jahrhundert war das kein Problem. Man brauchte diese Tiere und jeder hatte eins. Doch diese Zeiten waren vorbei. Schade, denn der liebe Gott hat den Maultieren als Ausgleich für ihre Unfruchtbarkeit ein Trittgedächtnis geschenkt, über das Pferde nicht verfügen. Wo einer der Vorderhufe eines Mulis hintritt, treten auch die Hinterhufe - auf den Zentimeter genau. Diese Fähigkeit macht Maultiere so wertvoll im Gebirge.

Mit diesem Wissen und mehreren Bieren beladen, schlenderte ich am späten Nachmittag über die Wiese. Ich konnte vor Freude kaum gehen. Das Abenteuer konnte beginnen!
Bei den Tieren angekommen, floss mir das Herz fast über. Zärtlich strich ich Platon über den Rücken.

In diesem Augenblick drehte der Braune seinen Kopf zu mir und blickte mich treuherzig an. Mit einem endlos langen *Pff...t* aus seinem Maul - das klang wie entweichende Luft aus einem Luftballon - sanken seine Ohren herab, bis sie wie zwei runtergelassene Schranken quer vom Kopf abstanden. Er senkte den Kopf, schüttelte sich und rupfte ein Büschel trocknen Grases von der Wiese. Als er den Kopf wieder hob, schwankten seine quergelegten Ohren. Seine Wangen erinnerten an einen alten Mann, der gerade sein Gebiss herausgenommen hatte. Nur vorne nagten zwei lange gelbe Vorderzähne an trockenen Grasstengeln.
Voller Schreck schaute ich hinüber zu Aristoteles. Der Weiße graste ebenfalls friedlich vor sich hin. Er bemerkte meinen Blick und betrachtete mich voller

Mitgefühl. Oder war es ein feines Grinsen? Aristoteles hatte die gleiche Metamorphose hinter sich wie Platon."

„Oh, Mann, ihr seid beschissen worden", stellte jemand fest.

Die Gruppe lachte.

Ich blickte auf die Uhr. Es war halb sieben. Der Hüttenwirt war immer noch nicht da. Die Sonne verwand hinter dem Berg.

Die Piste vom Dorf war dreiunddreißig Kilometer lang, kurvig und voller Geröll. Der Pfad, den wir alternativ gekommen waren, ging drei Stunden steil bergab.

Wenn wir jetzt aufbrechen und auf dem steilen Pfad absteigen, habe ich keine Übernachtung für die Gäste, dachte ich. *Adonis ist bereits auf dem Weg zurück nach Athen.* Es war abgemacht, dass er uns am nächsten Tag am Ende einer Wanderung wieder aufnahm. Dieser Treffpunkt lag für den Bus hundert Kilometer entfernt. Eine Telefonzelle war nicht in Sicht. Ich musste darauf bauen, dass der Hüttenwirt alles daransetzen würde, uns den Schlüssel und das Gepäck zu bringen. Vielleicht hatte er eine Panne am Fahrzeug oder räumte Geröll aus dem Weg.

„Was machen wir jetzt?" fragte eine zierliche Teilnehmerin. Sie hielt die Arme bereits um den Oberkörper geschlungen und zitterte.

Mein Puls erhöhte sich. In der Nacht würde es richtig kalt werden.

Half es, allein darauf zu vertrauen, dass der Hüttenwirt uns nicht im Stich ließ?

Nach kurzem Überlegen schlug ich vor: „Wir legen uns alle nebeneinander auf den Boden, am besten mit dem Rücken. Die Steine halten uns warm. Der Wirt lässt uns bestimmt nicht im Stich."

Die Gruppe fand die Idee gut. Auf der von der Sonne gewärmte Terrasse war für alle Platz. Mit warmen Rücken und den Rucksäcken hinter dem Kopf, blickten wir in den dunkler werdenden Himmel.

„Wie ist das denn mit deinen Maultieren weitergegangen?", wollte jemand wissen.

„Anstrengend", erwiderte ich. „Endlich startbereit sattelten wir zwei Tage später die Tiere und wollten unseren großen Treck beginnen. Vor uns lagen immerhin zweihundert Kilometer Gebirge. Ich wollte außerdem bis nach Kythera weiterziehen. Also stiegen wir in die Sättel. Doch während Alexander augenblicklich davonritt, bockte mein Maultier Aristoteles. Mit Platon im Schlepptau trottete er stur im Kreis, egal wie sehr ich am Zügel zerrte. Erst, als ich abstieg und beide Tiere hinter mir herzog, waren sie zufrieden. Alexander winkte fröhlich.

Gottseidank trafen von Zeit zu Zeit Begleiter ein, die ein paar Tage mit uns wanderten. Als erster stieß Rainer dazu, ein Arzt und Freund aus Berlin. Er war zweimal um die Welt gereist und erkannte das Problem mit den Mulis sofort. In Südamerika hatte er Erfahrungen als Gaucho gesammelt.

‚Gib mir deinen Stecken!', rief er. ‚Jetzt zeig' ich euch mal wie das geht!'

Er legte den Hirtenstab quer über den erhobenen Unterarm und setzte dem Maultier Platon die Spitze des Steckens in die hintere Rosette und drückte zu, bis die Spitze verschwand.

Das Maultier zog die Arschbacken zusammen, entspannte sich wieder und begann brav geradeaus zu gehen.

„So macht man das", sagte er und grinste. „Gas geben, Jungs."

Die Gäste lachten. Einige erhoben sich „Du erzählst ja Sachen! Aber wann können wir endlich in die Hütte? Es wird kalt."

Geschichten erzählen war vorbei. In einer Stunde würde es dunkel sein. Ich hatte keinerlei Absicherung.
Wie und wo sollte ich alle unterbringen?

Ich erinnerte mich an den Satz meines älteren Bruders: *Mut besteht im Annehmen von Herausforderungen.* Entschlossen stand ich auf und sagte: „Erstaunlich, jetzt erleben wir mal ein echtes Abenteuer. Gebucht, aber nicht geplant. Ich weiß nicht, warum der Hüttenwirt nicht da ist. Hierbleiben können wir auf keinen Fall und den Pfad möchte ich in der Dunkelheit nicht wieder runter. Außerdem kann es sein, dass genau in dieser Zeit – während wir absteigen - der Wirt hier auftaucht. Das einzige was uns bleibt, ist die Forstpiste. Vor uns liegen also dreiunddreißig Kilometer Nachtwanderung. Falls der Wirt mit dem Pickup noch kommt, werden wir ihn mit Sicherheit treffen."

„Dreiunddreißig Kilometer?"

„Ja."

„Und wenn er nicht kommt?"

Ich räusperte mich. „Dann wandern wir bis zum Dorf, von dem aus wir gestartet sind. Das einzige was uns bleibt, ist zusammenhalten und die Lage gemeinsam bewältigen. Im Dorf organisiere ich Taxis und wir übernachten in Sparta. Ich verspreche euch: im ersten Haus am Platz."

Jemand lachte. „Dreiunddreißig Kilometer? Bist du verrückt? Das sind sieben bis acht Stunden Fußmarsch. Da können wir dann frühstücken gehen, falls die Beine das überhaupt mitmachen."

„Es gibt keine Alternative", sagte ich mit fester Stimme, obwohl mir das Herz bis zum Halse schlug.

Einige schnaubten still vor sich hin. Schweigend packte die Gruppe die wenigen Sachen und schulterte die Tagesrucksäcke. Laut konnte ich nicht sagen, dass es eine Prüfung war. Aber das war es. *Echtes Abenteuer ist immer eine Prüfung*, dachte ich.

Während wir schweigend durch den Bergwald marschierten, fing ich an zu rechnen. Fünf Taxis, vierundzwanzig Betten im Viersternehotel. Das würde eine dicke Stange Geld kosten. Ganz abgesehen von dem Ärger. Ich sah schon die Beschwerden der Kunden. Die Zukunft der Reise war gefährdet und damit alle meine Pläne. Mit dem Chef war nicht zu spaßen, wenn ihm etwas nicht gefiel. Das hatte ich bereits persönlich erfahren.

Doch nun führte der Wirtschaftsweg erst einmal schmal bergab, voller Schlaglöcher und von Bäumen umgeben. Ich hatte das Gefühl, die verärgerte Stimmung einfach aushalten zu müssen. Wie Irrlichter wanderten wir mit unseren Taschenlampen durch die Nacht. Irgendwo erschallte der Ruf einer Zwergohreule.

Plötzlich hörte ich ein leises Brummen in der Ferne. Gleich mehrere Teilnehmer blieben stehen und lauschten mit erhobenen Köpfen. Das Geräusch stockte, setzte aber dann wieder ein. Auf der gegenüberliegenden Seite des Tals tauchte ein Lichtkegel auf. Ein Fahrzeug ackerte sich mühsam die Piste hinauf. Es schwankte, blieb stehen und setzte sich wieder in Bewegung. Das war bestimmt der Hüttenwirt!

Schweigend marschierten wir weiter. Immer wieder verschwand der kleine Lichtkegel, um dann erneut aufzutauchen.
Als das Licht endlich direkt vor uns erschien, sank mir der Unterkiefer herab. Es war nicht der Pickup des Hüttenwirtes. Es war ein riesiger Reisebus. Unser Reisebus.
Adonis winkte hinter staubigen Scheiben.

Eine Stunde später saßen wir am Kamin der Hütte und wärmten uns. Ich konnte mein Glück kaum fassen. Adonis sah erschöpft aus. Er war ein hohes Risiko eingegangen, um uns zu helfen.

„Der Wirt hat uns einfach vergessen", berichtete er und nahm einen Schluck. Nach getaner Arbeit erlaubte er sich gelegentlich einen Whisky.

„Sein Vater ist heute Morgen gestorben. Ich bin ihm nach Sparta gefolgt und habe den Schlüssel geholt."

„Bis nach Sparta?" hakte ich nach. „Und dann bist du noch diese Höllenpiste hoch?",

„Na ja, morgen muss ich den Staubfilter wechseln", meinte er und stellte sein Glas ab.

„Stephan, jetzt musst du aber noch erzählen, wie das mit den Maultieren zu Ende ging", unterbrach uns ein Teilnehmer.

„Nun." Ich schwankte. Auf die Vergangenheit konnte ich mich gerade nicht konzentrieren. Adonis Einsatz berührte mich. Er hatte viel riskiert.

Schließlich fand ich doch eine Antwort. „Manchmal unterscheiden sich Tagträume leider von der Wirklichkeit. Wir haben in den griechischen Bergen alte Verbindungspfade gesucht, doch die ebenso alten Männer, die schon morgens im Kafenion sitzen, haben uns zu oft auf die Wege ihrer Erinnerungen geschickt. Diese Erinnerungen waren gefährlich."

„Warum?", fragte der Teilnehmer. „Unmittelbare Information vor Ort ist unschlagbar."

„Ja", stimmte ich zu, „das ist sie. Aber zuletzt habe ich immer gefragt: *Wann bist du das letzte Mal diesen Weg gewandert?* Da kam als Antwort oft: *Och, das ist zwanzig Jahre her.*

Einmal landeten wir nach solch einer Information an einer verfallenden Brücke über den reißenden Fluss

Aoos. Wie es aussah, hatte Jahrzehnte kein Mensch Pfad und Brücke benutzt. Der Brückenansatz war weggebrochen. Aristoteles bockte und wollte nicht springen. Aus einem ärgerlichen Gefühl heraus zwang ich ihn mit einem kräftigen Hieb. Kurz darauf schwankte er auf den morschen Brettern über dem Fluss, der dreißig Meter tiefer rauschte. Ich hörte, wie es knackte und sah den hölzernen Sattel zur Seite rutschen. Er hing Aristoteles samt dem Gepäck schräg am Bauch. Das Tier wackelte unsicher mit den Ohren. Mein kostbarer Kamerakoffer pendelte über dem Fluss, nur von einem Seilende gehalten. Mit klopfendem Herzen holte ich das Teil wieder ein und mit tastenden Schritten trieben wir die drei Tiere vorsichtig über die morsche Brücke.

Als wir im nächsten Dorf trübsinnig durch die Gassen ritten, überlegten wir, wie es mit dem gebrochenen Sattel weitergehen sollte. Da standen einige Männer bei der Dorfkirche und fragten: „Aus welchem Maultieraltersheim habt ihr denn die Klepper gestohlen?"

Sie grinsten und zeigten auf Aristoteles. „Der hier ist über fünfundzwanzig Jahr alt! Der andere etwas jünger. Die haben im Forstdienst geschuftet!"

Meine Zuhörer grinsten. Adonis lehnte sich mit seinem Glas Whiskey zurück

„Die ganze Tour war eine einzige Schinderei. Ehrlich: Maultiere über alte Gebirgspfade zu treiben ist Knochenarbeit", sagte ich. „Nach einem Monat wog ich zehn Kilo weniger."

„Klingt anstrengend und enttäuschend."

„Oh ja", gab ich zu, „aber ohne diese Enttäuschung säße ich nicht hier. Ist doch auch was, oder?"

***

Das Dach und sein Meister

Am Ende des Sommers war ich froh, endlich Zeit für andere Arbeiten zu haben. Es gab viel zu tun. Unser Haus auf der Insel Kythera lag oberhalb eines Dorfes zwischen verlassenen Gehöften und bot weite Blicke bis über das Meer. An klaren Tagen konnten wir von unserer Terrasse aus in der Ferne die Berge von Westkreta sehen.

Als wir das Haus gekauft hatten, war es eine Ruine gewesen, zwei Gewölbe - eines eingestürzt - ein Hof, zwei kleine Ställe und ein Brotofen.

Damals hatte der wild wuchernde Feigenbaum vor dem Hoftor seine Wurzeln zwanzig Meter durch den Felsen getrieben, bis unter die Küche. Dort hingen sie im brackigen Wasser der Zisterne. Im Gewölbe des Wohnhauses lag der abgebröckelte Putz am Boden und an der Einsturzstelle des Daches ein Haufen Steine, überflutet vom Sonnenlicht, das senkrecht auf sie herabschien. Draußen an den Ställen blühten Löwenmäulchen und Fenchel.

Ich kannte den Ort Kairamitianika aus der Zeit meiner Feldforschung. Zehn Jahre zuvor war es aufregend gewesen, durch die Ruinen des verlassenen Ortsteils zu streifen und nach den Spuren der Vergangenheit zu suchen. Kythera ist noch heute eine faszinierende Insel und vom Tourismus unberührt. Von den 25.000 Einwohnern zu Beginn des 20. Jahrhunderts sind 85 Prozent nach Australien ausgewandert und haben ihre Heimat einsam und wild hinterlassen.

In den zerfallenden Häusern meiner unmittelbaren Nachbarschaft fand ich zwischen einigen zerbrochenen Stühlen und Glasscherben Zeitungen aus dem Jahre 1905 mit Anzeigen italienischer Reedereien, die für die Strecke *Genua - Kythera - Bombay – Sidney* warben. Ich blickte mich um. Die Küchenregale der Auswanderer hingen noch an den Wänden, neben alten Kalendern. Der gleiche Staub, der fingerdick unter meinen Schuhen aufwirbelte bedeckte die verbliebenen Teller und Tassen.
Auf einer solchen Suche hatte ich das Haus gefunden, das nun uns gehörte.

Vom ersten Tag an haben mich die Bewohner von Mitata mit offenen Armen aufgenommen. Natürlich half es, dass ich ihnen anbot, umsonst für sie zu arbeiten, wenn ich dafür Fragen stellen und Notizen machen durfte. Man hielt mich für einen seltsamen Vogel, willigte aber gerne ein. Freundschaften entstanden.

Eine dieser Freundschaften verband mich mit Maria und Jorgos, dem Tischler und Zimmermann des Dorfes.
Mitata war zu dieser Zeit politisch zweigeteilt; in einem Kafenion versammelten sich die Konservativen, im anderen die Sozialdemokraten.

Jorgos, der Wirt und Tischler, war Kommunist; der einzige, der nach dem Bürgerkrieg eingeheiratet hatte. Einer von der Peloponnes, ein Fremder. Alle warnten mich vor ihm. Doch ich mochte ihn und seine Frau. Ihr Haus lag an meinem Weg zum Dorf. Maria und Jorgos waren die ersten, die mich einluden und mit mir plauderten. Das Kafenion war gleichzeitig eine Taverne mit Werkstatt. Maria kochte gut. Im ersten Winter saßen wir in ihrem kalten Gastraum an einem Dreifuß, in dem Holzkohle glühte. Jorgos stand auf und warf ein paar Drachmen in die Wurlitzer Jukebox, aus der ein griechischer Tango ertönte. Maria erzählte mir, wie sie als Mädchen mit ihrer Mutter durch die Felder von Piräus nach Athen gelaufen war. Das Bild drehte Kreise in meinem Kopf: *Felder zwischen Athen und Piräus …*
Jorgos verschwand in der Werkstatt.
„Hier, sieh mal!", rief er stolz und zeigte auf die drei Särge, an denen er gerade arbeitete. Einer lag geöffnet auf der Werkbank, die anderen beiden lehnten schräg an der Wand.

Zurück ins Jahr unseres Umzuges. Europa hatte Einzug in Griechenland gehalten. Bei Jorgo und Maria heizte inzwischen ein Ölofen die Taverne. Statt des Esels stand ein Toyota - Pickup vor der Tür. Maria und Jorgos gingen stramm auf die Achtzig zu.

Keine Ahnung, warum ich Jorgo den Auftrag gab, das eingestürzte Dach zu erneuern. Wahrscheinlich, weil das Angebot von Michalis, dem Baumeister, doppelt so teuer war und der dritte Ansprechpartner, ein Architekt namens Petrakis, die Hälfte unseres zweihundert Jahre alten Hauses abreißen und neu errichten wollte. Jorgos war dreiviertel günstiger als die anderen beiden.

Maria beteuerte, Jorgo sei nicht nur Tischler und Zimmermann, sondern könne auch Häuser bauen. Irgendwie glaubte ich ihr. Wir einigten uns auf die Renovierung in drei Wochen. Bis dahin hatten meine Frau und ich andere Dinge zu tun. Gemeinsam flogen wir ein letztes Mal nach Deutschland, um ein Auto zu kaufen und einen Stromgenerator.

Es war ein Tag Ende September, als ich ohne meine Frau wieder in Kairamitianika eintraf. Starker Wind pfiff mir um die Ohren, als ich aus dem Auto stieg. Ein früher Herbststurm kündete sich an.

Ich traute meinen Augen nicht. Ein riesiges Holzgerüst türmte sich vor dem Hoftor auf und füllte dahinter den ganzen Hof. Es war mindestens drei Meter hoch und mit dem Betonfahrstuhl, der draußen am Tor an dem Gerüst lehnte, erinnerte die Konstruktion verdächtig an die Seilbahn im Film *Alexis Sorbas*.

Von einem unguten Gefühl begleitet, arbeitete ich mich mit eingezogenem Kopf zwischen den Stangen durch den Hof zur Haustür. Über mir führte ein Brett über das gesamte Gerüst zum Dach. Alles wirkte schäbig und zusammengeschustert. Wenn hier etwas passierte, stand ich als Bauherr in der Haftung.

Jorgos war anderer Meinung. Als er kurz darauf vorbeikam und das System vorführte, winkte er meine Einwände ab und schickte mich aufs Dach, wo eine Schubkarre stand.

„Jetzt über das Brett zum Fahrstuhl!", rief er und wies auf die Plattform vor dem Hoftor. „Hier kannst du drehen!"

Ich begriff, was er wollte und bugsierte die Schubkarre auf dem wippenden Brett drei Meter über dem Hof zu der Plattform am Tor. Es war gar nicht so einfach. Heftige Böen zerrten an meiner Jacke und wollten mich aus dem Gleichgewicht bringen.

Kaum stand ich schwankend auf der Plattform, wurde mir schwindelig.

„So, stelle die Karre jetzt quer! Ich starte den Motor!" Mit ohrenbetäubendem Lärm setzte Jorgos den Fahrstuhlmotor in Gang. Er legte einen Hebel um und die schwere leere Schippe jagte mit der Geschwindigkeit einer Rakete hoch und schoss mir entgegen. Im letzten Moment stoppte sie quietschend und scheppernd unmittelbar vor meinem Bauch. Jorgos lachte und bediente einen zweiten Hebel. Krachend vollbrachte die Schippe einen Schwenk und kippte über meine Karre wie ein sich entleerender Hut.

„Das Dach deines Hauses ist wichtig", hatte mein Freund und englischer Nachbar Corky mir einige Tagen zuvor gesagt. „Ein gutes Dach ist existenziell. Pass gut auf, was die da machen."

Am nächsten Morgen traf Jorgos bereits in der Dämmerung mit seinem Pick-Up ein und ließ seine beiden albanischen Hilfskräften eine mitgebrachte Tonne abladen, die er mit Wasser aus mehreren Kanistern füllte. Einer der Albaner begann sofort mit Eimer und Schaufel den Beton anzumischen, während der andere oben auf der Plattform mit der Karre wartete. Jorgos stapfte herum und gab Anweisungen.

Voll mit nassem Beton krachte die erste Schippe nach oben und kippte über. Zwei Drittel der Ladung schwappte in die Karre, der Rest lief am Tor herab. Der junge Albaner drehte das schwer beladene Gefährt und balancierte es über das gefährlich schwingende Brett bis zum Dach, wo er den Beton in die Verschalung kippte.

So verging Stunde um Stunde. Am frühen Nachmittag hatten sie die Verschalung voll.

Als ich mir das Ergebnis anschaute, schwamm an einigen Stellen Wasser auf dem Beton, an anderen wirkte die Masse bröselig und trocken. Jorgos drückte die Oberfläche mit einem Brett flach und schien zufrieden zu ein. Er beschloss, Feierabend zu machen und verabschiedete sich.

Gemütlich saß ich zwei Stunden später mit meinem Nachbar Corky in einer Taverne im Hauptort der Insel, als er kauend sagte: „Da hat Jorgo aber einen langen Nachmittag, bei dieser Sonne."

Ich horchte auf. „Warum?"

„Na ja, du hast kein fließendes Wasser. Wie viele Tonnen hat er denn zu deinem Haus kutschiert, um den Beton zu schützen?"

„Ich verstehe nicht …"

Corky sah mich ungläubig an. „Er braucht doch Unmengen von Wasser, um den Beton feucht zu halten. Da wird er mit seinen Männern richtig schuften müssen, oder?"

Ich hob den Kopf und spähte in den wolkenlosen Himmel. Mit dem strahlenden Blau war die Sommerhitze zurückgekehrt.

„Eine Tonne …", sagte ich und kam mir plötzlich vor wie ein Idiot. „Er hat eine Tonne aufgestellt und sie zweimal nachgefüllt. Da ist kein Wasser mehr."

„Und wer hält den Beton feucht?"

„Niemand. Er hat Feierabend gemacht. Seine beiden Helfer auch."

Corky entglitten die Gesichtszüge. „Wie bitte? Dein neues Dach trocknet bei dieser Hitze still vor sich hin?"

„Ja, Jorgo schläft nachmittags."

„Nein, das glaube ich nicht", stieß Corky aus. „Jorgos muss das Dach feucht halten. Vor allem an einem solchen Tag."

Er wies nach oben. Die Sonne stand hoch. „Der Beton trocknet schnell und reißt. Sofort nach Hause … und zwar schnell!"

Im Laufschritt rannte ich zur Straße nach Kairamitianika. Der Gedanke an ein undichtes Betondach ließ mein Herz rasen während ich lief. Ein Motorradfahrer hielt an und nahm mich mit. Auf der Baustelle war niemand zu sehen.

Die Fässer waren leer. Stamatakos hatte kein weiteres Wasser zu unserem Haus geschafft, obwohl er seit

Monaten wusste, dass wir kein Wasser hatten. Unsere Zisterne wurde gerade renoviert und war leer. Fieberhaft überlegte ich, woher ich Wasser organisieren könnte.

Mir fiel unser holländischer Nachbar Peter ein. Er hatte uns erlaubt, aus seiner Zisterne zu schöpfen, aber eben nur für den täglichen Gebrauch. Jetzt aber blieb mir nichts anderes übrig als sein Wasser zu stehlen, um unser neues Dach zu retten.

Die Klappe seiner Zisterne ließ sich leicht öffnen und ich versenkte nacheinander zwei Eimer mit Strick und Haken in die Tiefe und ließ sie so kippen, dass sie sich mit Wasser füllten. Als die Eimer gefüllt am Zisternenrand standen, wurde mir klar, dass es gar nicht so einfach war, einen Weg zu unserem Dach zu finden. Da ich das Gerüst nicht hinaufklettern konnte, musste ich durch eine schmale Gasse zur alten Steintreppe an einem weiteren Nachbarshaus, über dessen Dach der einzige Pfad zu unserer Baustelle führte.

Mit den beiden vollen Eimern wankte ich zwischen den Ruinen entlang und erreichte endlich über die Treppe den frischen Beton. Mit einem Seufzer schüttete ich die beiden Eimer aus.

Das ausgeschüttete Wasser bildete einen kleinen See, doch nur für zehn Sekunden. Dann verschwand es mit einem hörbarschen Zischen und der Beton sah trocken aus wie zuvor.

Ich hatte gerade mal einen Quadratmeter halb angefeuchtet und das Dach hatte achtzig.

„Du wirst den ganzen Nachmittag laufen müssen",
sagte plötzlich eine Stimme hinter mir. Ich drehte
mich um. Es war Michalis, der teure Baumeister, den
ich abgewiesen hatte. Er hielt einen Wasserkanister
hoch.

„Ich bin nur zufällig hier" bemerkte er mit einer Zigarette im Mundwinkel und wies aufs neue Dach.
„Peter möchte, dass ich sein Haus verputze. Lass
doch deine Eimer mal stehen und gehe runter. Sieh
dir die Sache von unten an."

Ich folgte seinem Rat und rief: „Jetzt!", als ich unten
war und ungläubig an die neue Decke starrte.

Sofort hörte ich das Aufklatschen des Wassers. Zuerst waren es nur ein paar Tropfen, aber dann rieselte
es aus der Decke wie bei Regen herab, nicht nur an
einer Stelle, sondern überall gleichzeitig.

Ich rannte wieder hinauf zum Dach.

Michalis kniete auf dem Beton befühlte ihn mit den
Fingern. „Ich habe das Plätschern bei dir unten gehört", sagte er und nahm einen Zug aus der Zigarette.
Die Risse kriegst du nicht mehr dicht. Der Beton hat
so gut wie abgebunden."

Er drückte die Zigarette auf dem Dach aus, stand auf
und sah mich an. „Es gibt da ein deutsches Produkt.
Mit dem kannst du solche Risse verkleben. Du musst
den Beton nur feucht halten. Ruf mich morgen an."

Es erschien mir, als würde er die Pause mit Bedacht
einlegen. „Aber das wird teuer, sehr teuer. Es tut mir
leid, ich habe noch zu tun."

Wütend eilte ich ins Dorf zu Jorgos Taverne. Der alte Mann hob kurz den Kopf vom Kissen, mit dem er auf einer der Bänke in der Taverne schlief.

„Das Dach hat Risse!", war alles, was ich hervorbrachte.

„Ach, das ist normal, völlig in Ordnung", murmelte er. „Nerve mich nicht."

„Das Wasser fließt direkt durch den Beton!", schrie ich ihn an. „Und das soll in Ordnung sein?"

Er legte eine Hand unter seine Wange und winkte mich mit der anderen knurrend weg. „Du machst dir zu viele Sorgen. Das regeln wir morgen. Ich bin müde. Geh' jetzt!"

Fassungslos lief ich zurück zum Haus und rannte vier Stunden mit Wassereimern die Steintreppe rauf und runter. Ich hatte das Gefühl, überhaupt keine Chance zu haben, aber mit der Zeit nahm zunächst eine kleine Ecke des Betons wieder die dunkle, feuchte Farbe an und dann nach und nach das ganze Dach. Als es dunkel wurde und ich über hundert Eimer aus der Zisterne geschöpft hatte, tauchte überraschend mein Nachbar Corky auf und hielt einen Besen hoch. „Mit dem hier wischen wir jetzt wässrigen Zement in die Risse!"

Von weitem muss es in dieser Nacht eigenartig ausgesehen haben: Zwei dunkle Gestalten, die im silbrigen Licht des Mondes gebeugt und mit Besen bewaffnet unermüdlich auf dem Dach herumfegten.

Einer der albanischen Hilfskräfte hatte uns wohl gesehen, denn er fragte mich am nächsten Tag: „Stimmt alles am Bau?"

„Ne, das Dach hat Risse."

Der Albaner zuckte mit den Schultern. „Kein Wunder, Jorgos ist bekannt dafür."

„Wofür?"

„Für totalen Pfusch. Das halbe Dorf prozessiert gegen ihn. Er hält nie seine Versprechungen. Keiner gibt ihm Aufträge mehr, nicht mal mehr für Särge."

Ich konnte nicht glauben, was ich da hörte. „Und du arbeitest trotzdem für ihn?"

Der Albaner hob entschuldigend beide Hände. „Bin ich ein guter Samariter? Ich habe Frau und Kinder. Für ihn arbeiten… ja, das ist in Ordnung, aber an mein Haus würde ich ihn nie lassen!"

**

Götter wie Du und ich

Es gelang uns dann doch noch, die Ruine in Kairamitianika in ein gemütliches Zuhause zu verwandeln und die ersten beiden Jahre vergingen schnell. Allerdings verlief unser Leben nicht wie geplant.

Meine Wanderreise wurde immer weniger gebucht und am Ende aus dem Programm gestrichen. Die Gäste wollten Hotels am Meer und die wenigen Wanderer, die anstrengende Trekkingtouren mochten, hatte wir alle erreicht.

Der Veranstalter bot mir an, als fester Reiseleiter in die Crew aufgenommen zu werden. So kam ich nach Kreta, Samos, auf die Kykladen, Korfu, die Sporaden und nach Zypern.

Diese Teile der griechischen Welt zu entdecken, war aufregend, doch meine Sinne schärfte etwas anderes: Mit Menschen zu reisen und zu wandern bedeutet, sich ständig in Resonanz zu ihnen zu befinden. Gelegentlich spiegeln Gäste ihre Befindlichkeiten in äußerliche Umstände einer Reise, ohne zu spüren, dass sie selbst zu diesen Umständen erheblich beitragen.

Bei meiner zweiten Reise auf Zypern saß mir nach der Ankunft der Gruppe gleich am Flughafen ein Gast im Bus gegenüber, dessen Bekleidung eher ungewöhnlich war für eine Wanderreise: Anzug, Jackett und Krawatte. Da unsere Firma zu diesem Zeitpunkt von analog auf digital umstellte, passierten Fehler und diese Gruppe hatte sieben Rechnungen erhalten, ohne die dazu notwendigen Reiseunterlagen. Dementsprechend gereizt waren die Teilnehmer bei der Ankunft. Aber die Stimmung verbesserte sich, nachdem ich alle begrüßt und die erste Ansage gemacht hatte.

In dieser Ansage ging es um die Unterkunft. Unser schlichtes Hotel in den Bergen hatte bei der ersten Reise reichlich Beschwerden hervorgerufen und nun wurden wir eine Kategorie hochgestuft, und zwar ins exzellente Forest Park Hotel, in dem früher König Faruk von Ägypten zu residieren pflegte.

Alle im Bus klatschten, nur der Herr in Schlips und Kragen reckte seinen Hals und rief ärgerlich: „Das ist jetzt schon der zweite Punkt, der bei Ihnen schiefläuft!"

Im Hotel angekommen, begrüßte uns der Rezeptionist und verteilte mit mir gemeinsam die Zimmer. Als wir allein waren, entschuldigte er sich, dass man mit einer Baustelle zu tun hätte. Es täte ihm sehr leid, aber gottseidank wäre nur ein Zimmer davon betroffen.

Kurz darauf kam der Herr in Schlips und Kragen wutentbrannt die Treppe herab. „Das darf ja wohl nicht wahr sein! Nie wieder werde ich bei Ihnen buchen! Da ist ein Bagger vor meinem Fenster! Ich will ein anderes Zimmer!"

Der Rezeptionist wich hinter seine Theke zurück und nahm freundlich Haltung an. „Das geht leider nicht, mein Herr. Wir sind vollständig ausgebucht."
Der Gast presste die Lippen zusammen.
„Das wird Folgen haben", zischte er in meine Richtung
„Warum?", fragte ich und reichte ihm einen Schlüssel. „Nehmen Sie mein Zimmer. Keine Ahnung, ob da auch ein Bagger vor dem Fenster steht, aber versuchen sollten wir es."

Obwohl vor seinem neuen Zimmer kein Bagger zu sehen war und auch nicht zu hören, fand er trotzdem während der ersten Tage ständig Dinge und Umstände, die ihn störten: die Wanderungen waren zu lang, das Essen nicht gut genug und vieles mehr.

Drei Tage lang versuchte ich, es ihm recht zu machen. Dann packte mich eine durchschlagende Erkenntnis: *Hier reisen dreiundzwanzig freundliche und zufriedene Menschen mit dir und du blickst die ganze Zeit über nur auf den einen einzigen, der ständig mosert. Bist Du eigentlich blöd?*

Von diesem Augenblick an behandelte ich den Herrn freundlich, konzentrierte mich aber auf die Gruppe. Wir tanzten am Abend und ich wurde jede Menge Geschichten los. Den Herrn in Schlips und Kragen behandelte ich wie jeden anderen, überhörte aber jeden seiner zahlreichen Kommentare und schenkte ihm über meine Pflichten hinaus keinerlei Aufmerksamkeit.

Doch dann änderte sich die Situation. Die Gruppe bezog zunehmend Stellung gegen ihn und die ironischen Bemerkungen einzelner Teilnehmer ihm gegenüber nahmen überhand. Ich hatte das Gefühl, meinen schwierigen Gast in Schutz nehmen zu müssen und tat es auch.

Am nächsten Morgen, nachdem ich die Gruppenkommentare mit einer Bemerkung ausgebremst hatte, passte er mich vor dem Frühstück ab. Am Tag zuvor hatten wir in der Gruppe über Solaranlagen zur Warmwasseraufbereitung gesprochen. „Ich habe dir hier mal aufgezeichnet, wie so ein Solarpanel technisch funktioniert", sagte er und reichte mir ein Blatt Papier.

„Ich bin übrigens TÜV-Beamter", fügte er hinzu.

„Ich verstehe", sagte ich und holte Luft. Nach einer kurzen Pause fiel es mir wie Schuppen von den Augen. Schlagartig empfand ich Sympathie für den Mann. Ein TÜV-Beamter! Ein Mensch, der ein Leben lang damit beschäftigt war, Mängel zu finden, konnte nicht aus seiner Haut. Deshalb verhielt er sich so, wie er es tat. Wie sollte er auch im Urlaub davon ablassen können?

„Das finde ich nett von dir", erwiderte ich und nahm die kleine Zeichnung dankend an.

Am nächsten Tag erschien er in Pullover und Knickerbocker. Den Rest der Reise über verstanden wir uns prächtig.

Auf Samos sprach mich ein paar Monate später eine Teilnehmerin am zweiten Tag der Reise an und sagte mit scharfer Stimme: „Ich bin bestohlen worden. Mir fehlen eintausendsechshundert Mark. Das ist meine Geldbörse, sie ist weg. Ich habe keinen Pfennig mehr in der Tasche. Es kann nur jemand vom Personal gewesen sein. Ich möchte Anzeige erstatten. „
„Hast du wirklich alles abgesucht?", fragte ich. Es kam öfters vor, dass Gäste etwas verlegten.
„Selbstverständlich!", antwortete die Dame und schüttelte den Kopf, als sei ich ein Idiot.

Da ich gleich einen Zettel an der Rezeption anbrachte und an diesem Morgen meinen Pflichten nachkommen musste, schlug ich vor, dass sie erstmal mit uns zu dem angekündigten See mit den Flamingos wanderte. Nachmittags würde ich zur Polizei gehen und sie konnte nochmal alle Gepäckstücke durchsuchen. Dann würden wir weitersehen. Vielleicht fand sich die Geldbörse wieder an.

Während wir wanderten, riet ich ihr von einer Anzeige gegen Unbekannt ab. Die Polizisten würden abwinken und sich wieder ihren Zeitungen widmen. Da sie keine Reiseversicherung hatte, brauchte sie auch keine Anzeige.

„Ich kann mir nicht vorstellen, dass irgendjemand in diesem familiär geführten Hotel etwas stiehlt", fügte ich hinzu. „Mit den Zimmermädchen habe ich letztes Jahr Whisky getrunken. Sie sind alle seit Jahren hier im Dienst und mit dem jungen Ehepaar, dem das Hotel gehört, bin ich gut bekannt. Hier klaute niemand Geldbörsen."

Zurück im Hotel trafen wir auf ein holländisches Ehepaar, dem die Dame beim Frühstück Gesellschaft geleistet hatte.

„Ach, das ist ja schrecklich! Hat sich ihr Geld nicht wieder angefunden?", rief die Frau, während der Mann seine Brieftasche aus dem Jackett holte und ihr fünftausend Drachmen in die Hand drückte.

„Wir wissen, wie das ist. Hier…Eine kleine Hilfe in der Not. Entsetzlich, dass ihnen das Geld gestohlen wurde."

Lächelnd nahm die Dame das Geld entgegen, bedankte sich und sagte im Foyer zu mir: „So, jetzt möchte ich, dass du heute Abend vor dem Abendessen im Speisesaal ankündigst, dass ich doch noch Anzeige erstatten werde, sollte das gefundene Geld nicht bis morgen früh an der Rezeption hinterlegt werden."

Für einen Moment war ich sprachlos, versprach aber, mit dem Hotelchef zu sprechen. Der wurde wütend und verbot mir, seine Hausgäste zu verdächtigen. Das beruhigte mich.

Am nächsten Morgen erschien die Dame freudestrahlend und verkündete: „Ich habe das Geld wiedergefunden! Es steckte in einer kleinen Seitentasche meines Rucksacks."

Gottseidank ist die Sache damit erledigt, dachte ich.

Am späten Abend bat mich der Hotelchef zu sich. „Meine holländischen Gäste sind vor einer Stunde zum Flughafen", sagte er.

„Ja, und ...?"

„Deine Dame ist kurz vor ihrer Abreise zu ihnen gekommen und hat ihnen in bester Laune erzählt, dass sie ihr Geld wiedergefunden hat."

„Das ist doch erfreulich", erklärte ich.

„Ja, fanden unsere Gäste auch, aber dann hat sie sich für die Hilfe bedankt und verabschiedet."

„Wie? Ohne die Fünftausend zurückzugeben?"

Der Hotelchef nickte. „Sie hat nur gesagt: *Schön, dass es noch so großzügige Menschen wie Sie auf der Welt gibt.* Und dann hat sie sich umgedreht und ist gegangen."

Ich schnaufte damals und schnaufe noch heute, wenn ich an diese Geschichte denke. Diese Holländer haben sicherlich *nie* wieder irgendwelchen Deutschen aus der Patsche geholfen.

Doch warum mache ich mir überhaupt noch Gedanken! Mein Kollege Johannes hatte mir beigebracht, das Augenmerk auf die Pflanzenwelt zu lenken. Büsche und Bäume beschäftigten mich. Monatelang schleppte ich Bestimmungsbücher mit mir herum.

Auf der ersten Wanderung, auf der ich das neue botanische Wissen mit Gästen ausprobierte, fiel ein kleiner, dicker Fotograf vor einer Orchidee auf die Knie, lugte durch sein Objektiv und seufzte ebenso laut wie glücklich: „Danke lieber Gott, ein *einschwieliger Zungenstendel*!"

Da wusste ich: Botanik funktioniert. Ob es der kleinfrüchtige Affodill war, die illyrische Siegwurz oder eine einfache Felsennelke: Geschichten aus der Welt der Natur lohnten sich, besonders wenn wir durch sie hinter die äußeren Formen und Erscheinungen blicken durften. Zu meinem Glück kannte ich alle Göttersagen der griechischen Mythologie. Götter leben in der Botanik, so zum Beispiel im gemeinen Rutenkraut, auch Riesenfenchel genannt.

Mit dem trockenen Stab des Riesenfenchels stahl Prometheus das Feuer vom brennenden Wagen des Helios und brachte es den Menschen. Dafür musste er schwer büßen und die Menschen auch. Aber das ist eine andere Geschichte.

Aus dieser Verbindung des Menschen mit der Natur entstanden Göttergeschichten, die mich ein Jahrzehnt lang verfolgten, sobald ich griechische Erde betrat. Dummerweise ist es egal, wie viel Wissen man weitergibt, wie sehr man sich in einem Land auskennt oder wie breit gefächert die Informationen sind, die man liefert: Immer behalten die Gäste *diese eine* Fähigkeit in Erinnerung. Bei mir waren es die Göttergeschichten und wenn ich ehrlich bin, hatte ich es irgendwann satt. Doch dieser Moment kam erst Jahre später.

Nach drei Jahren endete die abenteuerliche Zeit auf Kythera mit Geldmangel, Sorgen und einer schmerzhaften Ehekrise. Die Kosten für die Renovierung des Hauses stiegen unaufhörlich und die Beziehungen nach Deutschland kühlten ab.

Unsere Firma „Lichtsand" hatte uns sechs Jahre ernährt, aber der Boom der Wende war vorbei und unsere Produkte liefen nicht mehr.

Meine Frau und ich steckten in Schulden. Wir hatten Land und eine weitere Ruine gekauft, zusätzliches Geldverdienen war angesagt. Ich rief in Hagen an und bat um Hilfe. Meine Rufe wurden erhört und so kam es zu einem Aufbruch hinaus in die Welt, der alles verändern sollte.

***

Der Sprung ins Leben

Nach Neuseeland zu gehen war wie ein Traum. Ich war noch nie außerhalb Europas gewesen und die Chance, das Land am anderen Ende der Welt zu entdecken, baute mich vom ersten Tag an auf. Den ganzen Sommer über las ich im Gewirr der häuslichen Probleme alles, was ich über Neuseeland finden konnte und bereitete mich vor.

Die Tour begann im November am Frankfurter Flughafen. Zu dieser Zeit waren die Fernreisen meines Veranstalters halb vom Zelten geprägt, halb von Hotelübernachtungen. Für das Camping schleppten wir jede Menge Ausrüstung mit. Also holte ich die zehn Zelte und drei Küchenkisten bei der Gepäckaufbewahrung ab und schob sie durch den Airport zum Check-in. Das ganze Zeug passte hochgestapelt gerade auf einen Rollwagen und brachte mich auf einer der Rolltreppen aus dem Gleichgewicht. Um ein Haar wäre ich gestürzt. Vor Aufregung und Anstrengung schwitzend erreichte ich endlich den Schalter.

Die erste Begegnung mit einer Gruppe ist auf jeder Reise ein wichtiger und entscheidender Moment. Menschen beurteilen ihr Gegenüber innerhalb von Sekunden und fällen ein Urteil. Offenes Auftreten und die Bereitschaft zum lockeren Gespräch sind die Voraussetzung für einen guten Start.

Das war in meinem Fall gar nicht so einfach. Ich wusste, dass die Gäste viel Geld für die vier Wochen bezahlt hatten und eine kompetente Reiseleitung erwarteten - nicht jemanden, der noch nie in dem Land war, für das sie sich interessierten.

Mit dem Gepäck und klopfendem Herzen reihte ich mich in die Warteschlange ein, begrüßte die ersten Gäste, die auf mich zukamen. Nervös wartete ich auf die Frage: „Wie oft warst du denn schon in Neuseeland?"

Über dieses Problem hatte ich nachgedacht. *Noch nie* kam als Antwort nicht in Frage. Doch was sagte man dann?

Gottseidank fragte damals beim Check-in niemand. Offenbar setzen alle meine Landeskenntnis voraus. Das verschaffte mir Luft und einen ruhigen Flug bis Singapur, wo wir sechs Stunden Aufenthalt hatten. In einer ruhigen Ecke konnte ich das Thema selbst ansprechen und sagte: „Liebe Gäste, wir sind jetzt vier Wochen lang unterwegs. Ich will ehrlich sein. Auch ich bin zum ersten Mal in Neuseeland. Jeder Abteilungsleiter muss mal eine neue Abteilung übernehmen, und so geht es mir mit dieser Reise. Das erfordert intensive Planung. Zu eurer Beruhigung kann ich sagen, dass ich mich monatelang vorbereitet habe, in etwa so wie Reinold Messner auf seinem ersten Achttausender. Also, bitte beurteilt mich nicht jetzt, sondern gebt mir eine Woche Zeit und die Chance zu beweisen, dass ich mein Geld wert bin.

Keiner beschwerte sich und nach der Ankunft in Auckland blieb sowieso keine Zeit für irgendwelche kritische Gedanken. Vom ersten Tag an fühlte es sich berauschend an, am anderen Ende der Welt zu sein und verschlug uns allen den Atem. Vor allem einer Teilnehmerin, die auf dem Weg zur Bay of Islands zur Vollendung ihres Reisegefühls unbedingt echte Kiwis essen wollte. Bei einem kurzen Halt eilte sie in einen Obstladen und rief laut mit hessischem Unterton: „Ei wont a Kiwi! Wäre are se Kiwis?!"

Ein riesiger Kerl tauchte hinter einem Vorhang auf, neigte den Kopf freundlich und fragte: „I am a Kiwi, Madame. Do you mean Kiwi fruit?"

Von dieser ersten Reise ist mir vor allem das Grün Neuseelands in Erinnerung geblieben; ein unglaubliches Grün von einer Intensität, die vermuten ließ, Gott habe bei der Erschaffung der Landschaft das Grün besonders gerne eingesetzt. Die ganze Nordinsel mit ihren exotischen Buchten, den Baumriesen, Vulkanen und Solfataren verzauberte uns. Einige Teilnehmer dieser Gruppe wurden Freunde und trafen sich anschließend noch fünfundzwanzig Jahre lang jährlich zum Wandern.

Paddeln konnten sie allerdings nicht. Am Shotover River auf der Südinsel versuchten wir uns im Rafting, kenterten fast und brachten die Bootsführerin zu dem wütenden Ausruf: „Bloody krauts!"

Dafür meinte Hans, ein junger Chirurg aus Norddeutschland an der Brücke, wo Bungeespringen angeboten wurde: „Ich mach's!"

Wer hätte das gedacht. Ein mutiger Kerl.

Während er die Formalitäten im Kassengebäude erledigte, drängten wir auf die Brücke, um den Nervenkitzel zu genießen. Es war beruhigend, selbst nicht springen zu müssen, vor allem, weil dröhnende Technomusik hämmerte und den Blutdruck steigen ließ.

Der Metallkasten mit Hängevorrichtung und Bungeeseil hing samt eiserner Plattform direkt an der Brücke.

Mensch, ist das tief, dachte ich, als ich über das Geländer auf den reißenden Fluss hinabblickte. Viel zu nah wirkten beide Seiten des Canyons.

Zwei Mitarbeiter schnürten gerade einer zierlichen Frau die „Fußfesseln" um, an denen das Bungeeseil befestigt wurde. Im Kassengebäude hatten wir gelernt, dass das patentierte Seil sich je nach Gewicht dehnte und eingestellt werden konnte, so dass jeder, der sprang, sich für *„with dip"* oder *„without dip"* entscheiden konnte. „Dip" hieß, mit dem Kopf ganz leicht die Wasseroberfläche zu berühren.

Die zierliche Frau, die alle Vorbereitungen abgeschlossen hatte, trat auf das Sprungbrett und breitete die Arme aus. Einer der Mitarbeiter gab ihr einen kurzen Schlag auf die Schulter. Mit einem Jauchzer sprang sie ab, von der dröhnenden Musik begleitet.

Kurz darauf kam unser mutiger Arzt auf die Brücke und eilte zur Plattform. Allerdings schien er unsicher geworden zu sein. Sichtbar nervös tänzelte er von einem Bein auf das andere und zögerte. Dann wagte er sich vor. Der Mitarbeiter legte ihm die Fußfesseln an. Einen Augenblick später flog er bereits, während der Mitarbeiter „waiiit!" brüllte. Doch Hans' Sohlen hatten sich bereits vom Sprungbrett gelöst. Die Arme ausgebreitet hing er in der Luft wie ein Vogel.

Das Gesicht des Mitarbeiters war vom Schreck verzerrt. Mit offenem Mund starrte er dem Springenden hinterher, beide Hände erhoben, als sei gerade etwas unfassbar Entsetzliches geschehen.

Mir stockte der Atem.

Ich glaubte, Zeuge eines Sprunges in den Tod zu werden. In meinem Bauch explodierte Angst. War es meine Aufgabe, den Angehörigen die entsetzliche Nachricht zu überbringen?

Nicht nur mir erging es so. Noch während er flog, schrien Leute auf. Verzweifelte Rufe ertönten. Die ganze Brücke schien von Panik erfasst zu sei. Alle hatten die Katastrophe vor Augen.

Ich sah, wie Hans mit dem Kopf zuerst in das Wasser des reißenden Flusses stürzte und bis zu den Fußsohlen verschwand.

In diesem Augenblick schossen mir die Tränen ins Gesicht. Doch Hans schnellte aus dem Wasser empor, mehrere Meter hoch und pendelte schlaff über dem Fluss.

Atemlos rannte ich die Treppen hinunter zum Wasser, wo sie ihn zu dritt wie einen Kartoffelsack vom

Seil in ein Schlauchboot hievten. Wie es aussah, hatte er unbeschadet überlebt.

Als sie das Boot an Land zogen, konnte er kaum sprechen.

„Alles in Ordnung?", fragte ich.

Hans murmelte etwas.

„Hast du den Warnruf noch gehört?"

„Ja", stieß er aus.

„Und wie geht es dir?"

Er lächelte mich matt an und sagte leise: „Ich wusste gar nicht, dass man so glücklich sein kann."

**

Auf einem Baum ein Kuckuck ...

Im Januar flog ich erneut für zwei Monate nach Neuseeland. Nun wusste ich, worauf es bei der Tour ankam. Besonders in Roturoa. Bereits vor der ersten Reise hatte mir eine Kollegin empfohlen, dort unbedingt zu einer Maori-Show mit Hangi-Essen zu gehen. Roturoa ist ein Städtchen auf der Nordinsel, das für seine Geysire und Solfataren berühmt ist. Zudem liegen hier viele Marais, heilige und kulturelle Versammlungshäuser der Maori, der Ureinwohner Neuseelands.

Im November hatten wir die Empfehlung der Kollegin getestet. Die Show begann bereits im Bus. Der dicke Fahrer sang ein polynesisches Lied und rief anschließend: „Hey Leute! Stellt euch vor, wir sitzen in einem Kanu und bewegen uns an der Küste entlang, direkt auf mein Heimatdorf zu! Sobald wir am Marai eintreffen, müsst ihr eure Häuptlinge vorschicken. Also, jede Gruppe von euch wählt jetzt einen Häuptling!"

Im Bus saßen Gruppen aus aller Welt. Wir waren die einzigen Deutschen und wählten den Ältesten unter uns zum Häuptling.

„So!", rief der Fahrer. „Nun braucht jede Gruppe ein Lied. Mit dem Lied beweisen wir unsere friedliche Absicht! Also, jetzt ein typisches Lied aus eurer Heimat ..." Er bog in die Hauptstraße und war einige Minuten abgelenkt. „Für alle, die Englisch sprechen, habe ich einen Song: *You are my sunshine, my only sunshine.* Also, bitte singen!"

Die angesprochenen Engländer, Amerikaner und Australien fielen in die Melodie ein, die er anstimmte. Der Bus dröhnte vor Heiterkeit.

Als das Lied zu Ende war, rief der Fahrer: „Und nun die Asiaten." Er räusperte sich und hob die Hand. „Nur ein Scherz! Ihr braucht nicht zu singen. Alle Asiaten sind vom Singen befreit. Wir glauben auch so an eure friedliche Absicht. Irgendwelche anderen Nationalitäten im Kanu?"

„Ja", rief ich. „Deutsche!"

„Ahh!", stieß er aus und fixierte mich mit zusammengekniffenen Augen im Rückspiegel. „Teutonen! Ihr seid gefährlich. Habt ihr ein teutonisches Lied parat?"

Statt einer Antwort stimmten wir *Auf einem Baum ein Kuckuck saß* an und sangen alle Strophen mehrstimmig im Kanon.

Der Bus tobte. Alle pfiffen und klatschten vor Begeisterung. Wir blickten uns stolz an. Die Entscheidung für das Lied war schnell gefallen und die Gruppe konnte singen.

„Sehr gut, Teutonen!", rief der Fahrer und bog von der Hauptstraße in einen Seitenweg ab. Der Bus holperte über eine Sandpiste und hielt auf einem Platz vor zwei polynesischen Häusern.

„Wir sind da", meinte der Busfahrer. „Und Häuptlinge, denkt daran: Wenn ihr vortretet und die Krieger meines Stammes auf euch zukommen und Grimassen schneiden, dürft ihr keine Miene verziehen!

Ein Zucken auf eurem Gesicht oder gar ein Lachen bedeutet Krieg und euer aller Tod. Wenn ihr standhaft seid, wird gesungen und gegessen. Guten Appetit!"

Tatsächlich wartete ein Empfangskomitee auf uns. Es war Vorsaison und nur eine kleine Schar Besucher anwesend. Der Maori Chief hielt eine Ansprache und erklärte das Ritual. Dann wurden unsere Häuptlinge gebeten vorzutreten und wir beobachteten sie genau bei der anschließenden Provokation durch die eingeborenen Krieger. Sie verzogen keine Miene, während halbnackte Krieger ihnen die Zungen rausstreckten und urige Schreie ausstießen.

Bevor die eigentliche Veranstaltung begann, führte uns der Chief hinter die Gebäude, wo das Hangi-Essen zubereitet wurde. Das Spezielle dieses Essens besteht in der Zubereitung in Erdöfen. So ein Erdofen ist ein großes Loch, in das von Feuer erhitzte Steine gelegt werden und darüber Matten aus Flachs. Auf diese Grundlage schichtete man abwechselnd Fleisch, Matten, Süßkartoffeln, Gemüse und Fisch. Auf die letzte Matte wurde Erde geschaufelt.
„Die Maori Mikrowelle!", rief der Chief. „Nur fünf Stunden gart das Essen und nun graben wir es aus. Das möchten wir ihnen aber lieber nicht zeigen und bitten sie, in den Versammlungsraum zu gehen und Platz zu nehmen. Wir beginnen mit der Vorstellung und essen anschließend gemeinsam im anderen Gebäude.

Der Abend wurde ein Erlebnis. Die polynesische Musik ist für unsere Ohren so eingängig, weil die Einheimischen von den Missionaren unsere Kirchentonarten übernommen haben. Die Maori führten ihre Lieder und Tänze vor, die Besucher sangen *You are my sunshine* und wir unser Kuckuckslied. Wieder wurde begeistert geklatscht und ich konnte sogar ein persönliches Gespräch über die Bewahrung von Traditionen mit dem Chief führen.

Nach der Show und dem vorzüglichen Essen fuhren wir zurück zum Campingplatz.

„Das war spitze", meinte jemand aus der Gruppe. „Diesen Programmpunkt solltest du immer anbieten."

Nun war der Januar eingetroffen und mir klang dieser begeisterte Kommentar vom November noch in den Ohren. Also bot ich die Show wieder an. Da ich genau wusste, was uns erwartete, erklärte ich bereits an der Bushaltestelle: „Hey Leute, auf dieser Veranstaltung wird von uns ein Lied erwartet. Letztes Mal haben wir *Auf einem Baum ein Kuckuck* gesungen, aber das war sehr lang. Was haltet ihr von dem alten Sauflied *Was sollen wir trinken, sieben Tage lang*?"

Als Antwort erhielt ich nur ratlose Gesichter und Kopfschütteln. „Das Lied kennen wir nicht."

„Gut, muss auch nicht sein. Was singen wir stattdessen?"

Jemand zuckte mit den Schultern. Ein Gast namens Fridolin meinte: „Ich singe im Kirchenchor. Wie wäre es mit *Ein feste Burg ist unser Gott*?"

Allgemeines Gelächter. „Ne, bloß nicht!"

Außer Fridolin konnte niemand singen. Es war ernüchternd. Ich stand mit fünfzehn Nichtsängern an der Bushaltestelle.

„Wie wäre es mit *Ein Mops kam in die Küche*?"

„Gute Idee!"

Wir hatten unser Lied, ein witziges und leicht zu singen, ohne große melodische Anforderungen.

„Ah, die Teutonen!", rief der Busfahrer, als er mich mit der Gruppe einsteigen sah. „Die goldenen Stimmen!"

Umso erstaunter blickte er in den Rückspiegel, als ich während der Fahrt abwinkte und wir auf das Probesingen verzichteten. Die anderen im Bus trällerten *You are my sunshine* und die Asiaten sahen sich erwartungsvoll um.

Als wir auf dem Parkplatz des Marai aussiegen, standen dort bereits fünf Busse. Jede Menge Menschen tummelten sich auf dem Versammlungsplatz. Der Maori Chief kam auf mich zu und rief: „Hi, Steven, hast du wieder ein so großartiges Lied dabei?"

Vor allen Leuten nahm er meine Hand wie die eines Ehrengastes: „Wir haben heute noch eine zweite deutsche Gruppe hier. Das ist selten. Möchtest du deren Leiter kennenlernen? Ich kann dich vorstellen."

Ich winkte ab. Bloß kein Aufsehen erregen.

Der Abend nahm seinen Verlauf wie beim ersten Mal. Nach der Begrüßung und Provokation unserer Häuptlinge durch die Krieger der Maori folgte die Vorstellung des Hangi Essens und die einheimischen Tänze mit Gesang und Musik.

Als die Reihe an die Teutonen kam, stand auf der anderen Seite des Saales eine deutsche Studienreisegesellschaft von dreißig älteren Damen und Herren geschlossen auf und stimmte summend den Ton an.

Ein grauhaariger Mann baute sich vor der Gruppe mit erhobenen Armen auf, begann wie ein Dirigent und los ging es: *Muss i denn, muss i denn zum Städele hinaus*, mehrstimmig, perfekt einstudiert und harmonisch.

In meiner Gruppe machte sich Nervosität breit. Wir hatten nicht geübt und uns darauf verlassen, dass es irgendwie funktioniert. Der Saal war voll und mindestens zweihundert Zuhörer folgten dem so kunstvoll vorgetragenem Lied.

Schließlich setzten sich die Damen und Herren der Studienreisegesellschaft, sichtlich zufrieden mit ihrem Sangesvortrag und genossen den tosenden Applaus.

Wir standen auf. „Achtet alle auf Fridolin!", flüsterte ich meinen aufgeregten Wanderfreunden zu, in der Hoffnung, dass noch etwas zu retten war. „Es gibt nichts zu verlieren Wir kommen hier nie wieder her!"

Mehr brummelnd als singend, völlig schief und ohne jegliche Melodie grölten wir: *Ein Mops kam in die Küche und stahl dem Koch ein Ei, da kamen viele Möpse und schlugen den Koch zu Brei …*

Auf der anderen Seite des Saales machten sich entsetzte Ausrufe breit. „Oh!", tönte es und „Oh je!". Ich sah, wie eine ältere Dame die Hand vor den Mund hielt und uns ungläubig anstarrte.

Blass und leicht zitternd hielten wir unser Lied durch. Als wir uns endlich setzten, konnte man eine Stecknadel fallen hören. Einige Stühle knarrten.

„So!", rief der Chief und erlöste uns nach einer ewig langen Pause. „Jetzt darf gegessen werden. Ich bitte alle hinüberzugehen."

Langsam leerte sich der Saal.

Mich hat der Chief nie wieder persönlich angesprochen und das Hangi Essen schmeckte an diesem Abend auch nicht so wie im November.

„Also den Scheiß kannst du dir in Zukunft sparen", sagte Fridolin auf der Rückfahrt zum Campingplatz. „Das war nichts als blöde Folklore, reiner Touristennepp."

Wir stiegen am Campingplatz aus.

Singen sollte Pflichtfach in der Schule werden, dachte ich und kroch in mein Zelt.

***

Im Land der weißen Wolke

Neuseeland hält jeden Besucher mit Abenteuern in Bann: Die Segeltouren in der Bay of Islands, die Coromandel Halbinsel, Wandern im Tongariro-Nationalpark, der Mount Cook, die Marlborough Sounds und nicht zuletzt der Abel-Tasman-Nationalpark, wo wir die Küste mit Kajaks erkundeten und an einem Tag sogar das Glück auf dem Rücken der Pferde suchten.

„Hier, seht mal!", rief Uschi, eine fröhliche Teilnehmerin. Sie hielt ein Werbeblatt hoch: „Zwei Stunden reiten. Wer kommt mit?"
Sofort meldeten sich einige.
Uschi stieß mich sanft an. „Los, du auch, sei kein Spielverderber. Du hast gesagt, du kannst reiten."
„Ich habe schon mal auf einem Maultier gesessen, habe ich gesagt", erwiderte ich.
Sie lachte. „Los, komm!"
Ich folgte ihr.
Es hatte mich erwischt.
Ich war verliebt.

Auf dem Reiterhof nicht weit von unserem Campingplatz ging es entspannt zu. Der Besitzer verteilte unsere kleine Gruppe auf acht Pferde und ritt gemütlich im Schritt voraus. Eine junge Mitarbeiterin begleitete uns. Sie ritt am Ende.

Uschi drehte sich auf ihrem Pferd im Sattel um: „Alles in Ordnung, Leisereiter?"
Ich nickte, doch wenn ich so in mich hineinblickte, war gar nichts in Ordnung. Ich hatte Angst vor Pferden und war nur wegen Uschi mit auf dem Ausflug.

Als ich zwölf Jahre alt war, hatte mein Bruder Thomas mich zum Reiten in die Lüneburger Heide mitgenommen, zu seinen beiden Abiturientenfreunden, deren Eltern ein Reiterhof gehörte. Einer der beiden Burschen zog meinem Wallach mitten in einem Hohlweg einen solchen Hieb über das Hinterteil, dass das Tier ausbrach und durch den schmalen Hohlweg galoppierte, mit mir auf dem Rücken. Mit dem Kopf ständig den tiefliegenden Ästen ausweichend, krampfte ich meine Hände in die Mähne. Bis zu diesem Tag hatte ich noch nie auf einem Pferd gesessen. Endlich fand sich eine rettende Gelegenheit. Ich hechtete auf einen Sandweg, der für wenige Meter auf Sattelhöhe verlief. Kurz darauf stand ich zitternd aus dem Staub auf. Humpelnd führte ich das Tier, das zehn Meter weiter wartete, zurück zum Stall. Langsam wich die Panik in mir und verwandelte sich in Wut.
Ich schwor, nie wieder Reiten zu gehen.

Uschi glaubte, ich könnte reiten. Unsere Pferde verfielen in Trab. Das Tier unter mir wurde schneller, mir flau im Magen.

„Nur Mut!", rief Uschi. „Bleib locker! Es geht bergauf, der Führer ist klug. Bergauf galoppieren macht Spaß!"
Tatsächlich spürte ich, dass es angenehm war, bergauf zu galoppieren. Nach vorne übergebeugt fühlte ich mich sicherer im Sattel und konnte mich einigermaßen in den Steigbügeln halten. Stolz ritten wir im Schritt durch ein Wäldchen und ließen den Ausflug am Strand ausklingen. Uschi war eine wunderbare Frau.
Die Reise verging wie im Fluge.

Später habe ich auf Seminaren über Liebe gesprochen und darauf hingewiesen, dass es in professioneller Hinsicht gefährlich ist, sich während einer Reise zu verlieben. Das kann schnell die Gruppe sprengen. Doch was machst du, wenn du mitten drinsteckst und das Leben jede Menge Klärung von dir fordert? Was machst du, wenn du nicht die Gruppe sprengst, sondern deine Ehe?

Aus dem Land der langen weißen Wolke kehrte ich erschüttert nach Kythera zurück und landete schließlich in Deutschland, wo ich nichts anderes wollte, als ein neues Leben zu beginnen.

Mit meiner ersten Frau Lesley verstehe ich mich heute noch gut. Wir telefonieren regelmäßig. Die alten *Jokes* funktionieren. Wir lachen viel.
Damals allerdings lebten wir auf zwei Planeten.

Mitten auf der Insel der Liebe und Sinnlichkeit fiel unsere Ehe krachend auseinander.

***

Die Schatten von Bali

Mit dem Schritt in die Ferne begann eine Zeit der beruflichen Neuausrichtung. Nach vier Jahren Griechenland und Zypern und einer Initiation in Neuseeland ergaben sich gute Beurteilungen. Eine Teilnehmerin schrieb: *Wenn Sie Herrn Kinkele nicht mehr brauchen, nehme ich ihn gerne als Koch.*

Doch die Aufbruchstimmung sollte nicht lange anhalten. Die Firma schickte mich nach Island und einen Tag später nach Indonesien. Dort wartete ein Schock.

„Oh Mann, Glücksgriff. Die Tour ist Urlaub für Reiseleiter", hatte ein Kollege zu mir gesagt. „Wir haben dort einen lokalen Guide. Der Beste, der weiß Bescheid und redet ständig. Witziger Typ. Du brauchst nur Hotelschlüssel austeilen und für gute Stimmung sorgen."

Am Flughafen Denpasar begrüßte uns *Asep*, der sich als Guide vorstellte. Bereits auf der Busfahrt zum Hotel bemerkte ich, dass er schwieg. Hektisch warf ich einen Blick in meine Notizen. Sie reichten, um ein paar Allgemeinheiten im Bus zum Besten zu geben. Doch innerlich war ich höchst nervös. Hatten die Kollegen und Kolleginnen nicht von einem *Urlaub für Reiseleiter* gesprochen? Ich hatte mich auf Indonesien

durchaus vorbereitet, aber die vorhergehende Island-
reise hatte jegliche Information über Bali aus meinem
Kopf verdrängt. Ich konnte mich an nichts mehr er-
innern. Meine Aufzeichnungen bestanden aus Stich-
worten, die ich verstand, aber nicht ausmalen konnte.
Am nächsten Tag brachte Asep lächelnd ein paar
Worte Deutsch zustande. Abwechseln sagte er:
„Links sehen Sie schöne Tempel, seien Vishnutem-
pel!" und „Rechts sehen Sie schöne Tempel, seien Shi-
vatempel!"
Das war's.

Bali verzauberte uns. Traumhafte Landschaft, ge-
heimnisvolle Tempel, Gamelanmusik.
In einem Ort am Wasser stiegen wir aus und standen
vor einer Statue in der Gestalt eines Affen. Ich
wusste, dass sie den Gott Hanuman verkörperte, aber
mehr nicht.
Asep lächelte mich an und sagte: „Tree guide ill. Me
tour first sis. Uncle boss."
Ich schluckte.
„Erzähle uns doch mal was über den Gott Hanuman!
Wer war das?", rief jemand.
Ein grauenhafter Moment.

Noch am gleichen Abend legte ich einen Schwur ab
und kann Jahrzehnte später sagen: er hat gehalten.
Wer auf der Bühne steht, sollte seinen Text beherrschen,
sonst hat er dort nichts verloren.

Gestrandet auf Lombok

Lombok ist im Gegensatz zu Bali trocken und karg. Der Vulkan Rinjani ist ein Wanderparadies, die Gili Islands davor sind der Ort zum Schnorcheln. Schnorcheln ist wie Fliegen. Auf der Wasseroberfläche treiben, unter sich die Korallenwelt. Atemberaubend.

Auf einer der Touren nach Lombok verkündete der Flugkapitän gleich nach dem Start in Frankfurt: „Verehrte Fluggäste, wegen Überladung haben wir unser gesamtes Gepäck mit einem Frachtflieger getauscht. Ihre Koffer kommen morgen früh in ihr Hotel. Wir bedauern diese Verzögerung, aber Sicherheit geht vor."

Peter, ein Gast, wies während des Umstiegs in Denpasar auf den Geldautomaten neben uns: „Wartet bitte einen Moment! Ich brauch' cash!"
Er drehte sich um und steckte die Kreditkarte in den Schlitz des Automaten.
Kaum war die Karte verschwunden, blieben die Ventilatoren in der Halle stehen. Der Strom war ausgefallen.
Wir suchten sofort einen Verantwortlichen. Die Zeit drängte. Die Propellermaschine nach Lombok wartete bereits.

Der Verantwortliche sagte: „No problem, Sir! I cannot open the machine. Give me your adress. We will send you the card on Monday!"

„Komm", sagte ich zu Peter. „Wir müssen … Sobald wir in Mataram sind, telefonieren wir und du lässt die Karte sperren."

So erreichten wir Mataram, die Hauptstadt von Lombok und wurden ohne Gepäck zum Hotel gefahren, das außerhalb lag.

Es war heiß und wir schwitzten. Trotzdem machten wir uns in guter Stimmung auf den Weg zum kleinen Supermarkt im Zentrum des Touristenortes, in dem wir wohnten.

Die fünf Männer unserer Gruppe suchten in der Herrenecke nach Unterwäsche. Erleichtert stellten wir fest, dass genügend Exemplare in XL und XXL vorhanden waren. Doch ein asiatisches XL entspricht unserem M. Die Unterhosen saßen bei einigen verdammt eng.

Die Frauen wurden inzwischen in der Miederabteilung von einem Soldaten in Uniform bedient, der mit zwei Händen die Höschen vor ihren Augen dehnte, um die Größe zu demonstrieren.

Anschließend kauften wir Hygieneartikel, Gummilatschen und Sarongs, die traditionellen Kleidungstücher. Ich zeigte, wie Frauen und Männer die Sarongs unterschiedlich knoten und am nächsten Tag trugen wir alle T-Shirts und Sarongs mit Gummilatschen an den Füßen.

Das ging drei Tage richtig gut, doch am Abend vor dem Trekking kam Peter auf mich zu und sagte: „Lieber Stephan, du machst das alles gut hier, aber unser Gepäck ist immer noch nicht da. Mit Gummilatschen können wir nicht auf den Rinjani steigen. Habe ich dir schon gesagt, dass ich Anwalt bin?"
Eine halbe Stunde später kam das Gepäck.

Am Ende der Reise in Bali, einen Tag vor dem Rückflug nach Deutschland, drückte mir der Agent von Garuda Airlines einen Pappkarton mit Geldbündeln in den Arm. Es waren 2,2 Millionen Rupiah als Entschädigung für das verspätete Gepäck.

Es war gar nicht so einfach, 150.000 Rupiah in einer Nacht auszugeben, in einem Land, in dem Arm und Reich durch hohe Zäune und Mauern getrennt sind. Beschämend, dass ich damals nicht auf den Gedanken gekommen bin, das Geld zu spenden. Die mit Mauern und Zäunen umgebenen Hotels und unsere drei Tage in Gummilatschen und Sarongs hätten uns auf diese Idee bringen können.
Wir haben es auf den Kopf gehauen. Es waren umgerechnet fünfzig Mark für jeden.

Wenigstens einen Straßenverkäufer konnte ich glücklich machen. Ich kaufte eine berühmte Markenuhr für umgerechnet zehn Mark. Chinesische Produktion. Einige Wochen später saß ich in einem großen Kino in Lüneburg und das Licht ging an.

„Wir haben eine Uhr an der Kasse gefunden!", rief eine jugendliche Stimme. „Bitte melden, wem die gehört!"

„Was für ´ne Marke?", brüllte ein Zuschauer.

Nach einer längeren Pause piepste die Stimme: „Äh … Ro… Ro… Rolex!"

Der Saal tobte.

***

Unter Lehrern

Die Natur Islands berührte mich vom ersten Tag. Ich bin Pantheist und glaube, Gott offenbart sich für uns Menschen in der Natur.

Nichts war schöner, als morgens um drei bei nebligem Tageslicht aus dem eisverkrusteten Zelt zu kriechen, um dann im *Hot Pot* aufzuweichen und in der Ferne die Gletscher im Morgenlicht zu beobachten.

Mir gefiel die weite Südküste mit den blühenden Lupinenfeldern, dem schwarzen Sand, der Vogelwelt und den Gletscherzungen. Später kam das Hochland dazu mit der unheimlichen Askja, Wüstenstimmung mit Schneestürmen.

Der Einstieg in Island gelang mir nur aus einem einzigen Grund besser als andere Dinge im Leben. Meine zweite Reise war eine Tour mit Lehrern. Fünfzehn Lehrer und Lehrerinnen in zwei Landrovern.

Die Reise dauerte acht Tage. Dank eines Hinweises unseres Veranstalters hatte jeder Rum dabei. Sechszehn Flaschen Rum, den wir auf dieser Reise auch dringend brauchten.
Es regnete acht Tage, von Reykjavik an der Südküste entlang und zurück. Tagsüber holperten wir zusam-

mengedrängt in den Landrovern über matschige Pisten, um nach Regenwanderungen ins Zelt zu kriechen.

Die schönste Zeit verbrachten wir abends im Küchenzelt. Fünfzehn Lehrer und ich. Ich, der ich immer Lehrer werden wollte!

Natürlich hatten wir Spaß, unglaublichen Spaß sogar, sieben Nächte, eng zusammengedrängt, beim Essen im Zelt, dem gemütlichsten Ort der Welt. Und es regnete ständig.

Zum Abschied fand ein heißes Bad in der Nähe des Flughafens statt. Damals war die Blaue Lagune noch kein riesiges Bad, sondern ein kleiner See an einem Kraftwerk. Nur ein paar Leute schwammen herum.

Die sechszehn Flaschen haben wir an den sieben Abenden nicht geschafft und so schenkten die Lehrer mir die letzten drei Flaschen Strohrum, die ich spontan unserer Agentur vor Ort übergab. Ich hatte keine Absicht dabei, aber die Isländer in der Agentur grüßten mich die nächsten zehn Jahre immer ausgesprochen herzlich, wenn sie mich sahen.

***

In Feuer und Eis

Island ist wild, rau und von eisigem Charme. Alles ist gewaltig: Die Berge, das weite Hochland, der Himmel. Selbst die Isländer sind groß, Frauen wie Männer; und sie essen alle zusammen unglaubliche Mengen an Milch, Joghurt und Käse. Ein Hauch von Walhalla.

Vierhundert Kilometer Einsamkeit von einer Küste zur anderen. Man freut sich in der einsamen Wüste, einem lebenden Wesen zu begegnen.

Demut heißt die Devise für alle. Selbst Hunde – frei wie kaum woanders auf der Welt – bleiben in der Nähe der Siedlungen und wagen sich nicht hinaus in die Einsamkeit.

Aus dem Nichts auftauchende Schneestürme haben Menschen verschwinden lassen und sie erst hundert Jahre später als Skelette wieder frei gegeben.

Große Sander - Sandflächen vor den Gletschern - schaffen in Stunden Albträume für diejenigen, die ihnen zu nahekommen. Reißende Flüsse nehmen gelegentlich ganze Fahrzeuge mit.

Auf meiner ersten Hochlandexpedition zelteten wir am Gebirgsmassiv Askja, einem der berühmtesten Vulkane Islands mit einem verwunschenen, unheimlichen Kratersee.

Vom Campingplatz an der Askja führte eine schwierige Piste nach Nydalur, für die man elf Stunden brauchte. Ich war sie noch nie gefahren, obwohl ich Island inzwischen gut kannte. Ein Kollege hatte mir zwei Ratschläge gegeben. Erstens, auf jeden Fall die nördliche Route fahren und auf keinen Fall die Südroute. Sie führte zu dicht am größten Gletscher Europas vorbei, dem Vatnajökull, der so groß war wie Korsika. Unter dem Eis des gewaltigen Gletschers lag einer der gefährlichsten Vulkane der Welt.

Auf der Nordroute fuhren schon sehr wenige Fahrzeuge, aber die Südroute bestand aus einer so schlechten Piste, dass man nur bei gutem Wetter und mit hohen Geländefahrzeugen durchfahren durfte. Mit Hilfe konnte im Fall eines Notfalles nicht gerechnet werden.

Der zweite Rat des Kollegen hieß: „Frage vor Abfahrt am Morgen bei den Hüttenwirten an der Askja nach dem Stand der Flüsse, damit ihr am Ende des Tages nicht am Fluss vor der Hüttel von Nydalur eine böse Überraschung erlebt. Ein Gletscherfluss kann am Morgen passierbar sein, aber abends so viel Wasser führen, dass eine Furt für Fahrzeug und Insassen gefährlich wird."

Am Morgen unserer Abfahrt lag dichter Nebel über der vulkanischen Wüste. Es war windstill, leichter Nieselregen. Die Spitzen der schwarzen Felsen um den kargen Zeltplatz lugten aus milchigen Vorhängen hervor.

Bereits am Vorabend hatte die düstere Stimmung eingesetzt. Unser Spaziergang zum Kratersee Viti war schwierig gewesen. In diesem von Lava umgebenen Kratersee waren 1907 der Naturforscher Walter von Knebel und der Maler Max Rudloff verschwunden. Man fand nur das leere Schlauchboot. Ein Gedenkstein erinnerte an das Unglück.

Beim Abbau der Zelte am Morgen war die Stimmung gereizt. Einige Teilnehmer stritten sich. Auf den Reiseleiter war man sauer, weil es an Kaffee mangelte und dieser Mangel erst am nächsten Tag behoben werden konnte. Ein richtig toller Tagesanfang.

Ich ging zu den beiden Hüttenwirtinnen im Haupthaus des Campingplatzes und erkundete mich nach dem Wetter. Die beiden Frauen hatten schon in der Hütte in Nydalur angerufen. Der Wasserstand des Flusses war niedrig. Es drohte keine Gefahr. Selbst wenn der Pegel stieg, würden wir am Abend furten können.
Die Wetterlage machte den beiden allerdings Sorgen, denn Schnee war nicht ausgeschlossen. Doch dann entschieden sie: „Im Falle von Schnee fahr einfach weiter. Nicht stehenbleiben...!"
Auch die Route kommentierten sie und fuhren die Strecke mit dem Finger auf der Karte ab. Ich sollte nach einigen Kilometern die erste Abzweigung nach links meiden und Richtung Norden weiterfahren. „Bei der zweiten Gabelung links, nicht rechts, alles beschildert", sagten sie.

Ich erinnerte mich an den Rat meines Kollegen. *Beide Pisten führen in die Geisavötn. Die Nördliche ist richtig, die Südliche aber gefährlich.*

Nach endlosem Packen der Minibusse war die Ausrüstung verstaut. Tische und Bänke sowie Küchenzelt waren wasserdicht auf den Fahrzeugen verschnürt, Zelte und privates Gepäck in den Anhängern. Die Gruppe bestieg die Autos. Voller Konzentration starteten wir Richtung Nydalur.

Am Fuße der Askja dehnt sich ein großer flacher See aus, an dem wir entlangfuhren. Die Piste bestand aus einer Reifenspur im schwarzen Wüstensand. Ein größeres Fahrzeug war offenbar vor uns gestartet. Das beruhigte mich. Alle paar hundert Meter ragte ein gelber Pfosten mit rotem Ende aus dem Sand, als Zeichen für den Pistenverlauf.

Nach wenigen Kilometern wurde mir klar, dass ich mit fünfzig Stundenkilometer im höchsten Geländegang Vollgas fahren musste. Zwei Tage vorher waren wir in feinem schwarzen Sand - der einem wie Wasser durch die Hände floss - auf dem Wege zum abgelegenen Gletscher Kerkvöll steckengeblieben und hatten eines unsere Fahrzeuge nur mit Mühe und Muskelkraft von zehn Menschen wieder freigekommen.

Fünfzig Stundenkilometer klingen nicht viel, aber auf einer Piste im Nebel fühlt sich das anders an. Vor allem, wenn immer wieder Stricklaven die Piste queren, über die man im Vollgas jagt. Die Fahrer haben keine Möglichkeit abzubremsen.

So rasten wir bei schlechter Sicht durch die vulkanische Wüste. Eine dunkle Welt. Ein paar Trolle mit wirren Haaren tauchten hinter den bizarren Gesteinsformationen auf und beobachteten uns.
So erschien es mir zumindest, gerade als wir an einer Abzweigung nach links vorbeifuhren.
Ich sah gerade noch, wie die Pfosten in den milchigen Schwaden verschwanden. Verloren wirkende gelbe Hölzer in schwarzem Sand. Nicht eine einzige Reifenspur folgte ihnen.
„Kein Mensch fährt jetzt die Südroute", hatte eine der Hüttenwirtinnen gesagt. „*Hazardous area.*"
Lebensgefährliches Gebiet.
Mein Beifahrer Thomas bestätigte die Abzweigung. „Hast du das Schild gesehen? Nördliche Route. Es hat in unsere Richtung gezeigt. Wir sind richtig."

Ich mochte Thomas. Er wirkte ruhig und gelassen. In schwierigen Situationen wachsen zurückhaltende Menschen manchmal über sich hinaus, während diejenigen mit großer Klappe eher kleinlaut werden.

Ein paar Kilometer weiter stießen wir auf die zweite Abzweigung und hielten an. Ein Schild wies den Weg nach links: *Geisavötn.*

Die Abzweigung der Südroute hatten wir bereits hinter uns. Dieses war also die Abzweigung der Nordroute.

Zur Sicherheit setzte ich mich noch hinter das Steuer, zog meinen Kompass heraus und überprüfte die Richtung. Wir standen richtig. Auf nach Norden.
Und los ging es.
Das gleiche Spiel im feinen Wüstensand.
Die Piste erlaubte nur schnelles Fahren.

„Demnächst kommen wir dicht an einem Vulkan vorbei", sagte Thomas, der die Karte studierte. „Vorher müssen wir durch einen Fluss."
Während ich unseren Minibus mit aller Kraft auf der Piste hielt und einen kurzen Seitenblick in den Himmel warf, sah ich, wie sich das Wetter sich änderte.
Das gleißende Licht wollte die Wolken durchdringen, die wie eine dichte, geschlossene Schicht aus Watte über uns hingen.

Der Himmel lichtete sich. Weit in der Ferne sahen wir etwas glitzern. Ich prüfte den Kompass und sagte: „Nordnordöstlich. Das ist der Vulkan, an dem wir vorbei müssen."
Thomas starrte in die Karte. „Hier sind Schneefelder eingezeichnet, aber da wo du hinzeigst, sieht es aus wie Eis."
„Könnte auch verharschter Schnee sein. Bei diesem Sonnenlicht glitzert Schnee aus der Ferne wie Eis."
Das leuchtete ihm ein.

Während wir auf eine Felsenfront zufuhren, verschwand das gleißende Licht. Der Himmel öffnete sich und gab den Blick auf den Berg frei, an dessen Flanke wir vorbei wollten. Im Vergleich zu dem kleinen Symbol auf der Karte wirkte der Berg groß und bedrohlich.

Kurz darauf versperrte die Felsenfront jegliche Sicht. Sie rückte näher. Wie in einen Trichter fuhren wir hinein, zwischen hohen Felsen hindurch.

Wir hielten an. „Steigt mal alle aus! Frische Luft schnappen, ein bisschen bewegen."

An der engsten Stelle verlief Stricklava, die einer Teststrecke für Panzer alle Ehre machte.

Ich schickte die Gäste zu Fuß weiter und stieg wieder ein. Thomas war Fahrer bei der Volksarmee gewesen. Mit Handzeichen bugsierte er mich langsam vorwärts und achtete besonders auf die Bodenfreiheit und den Abstand zu den Felsen. Der Wagen ging vorne so hoch, dass ich nur den Himmel sah und mich vorbeugen musste, um Thomas' Handzeichen zu sehen. Dann senkte sich der Minibus nach vorne und ich hielt den Atem an, ob das Fahrzeug mit kratzendem Geräusch aufsetzen würde.

Unterboden zahlt Reiseleiter stand in den vertraglichen Unterlagen.

Gut eine Stunde brauchten wir für einige hundert Meter. Endlich erreichten wir den Fluss.

Das gleißende Licht über der geschlossenen Wolkendecke war wieder da.

Wir hatten freien Blick auf den Fluss vor uns. Er war viel breiter als ich vermutet hatte. Tausende von Rinnsalen flossen durch den schwarzen, feuchten Sand des kilometerweiten Flussbettes.

„Da, sieh mal!" sagte Thomas und zeigte auf eine Markierungsstange in der Ferne, mitten im Flussbett. Nicht weit davon sah man eine zweite. Nun erkannten wir aber auch eine Markierung rechts von uns, dicht am Flussufer.

„Die in der Mitte kommt vielleicht von der Südroute", sagte er. „Wir sollten hier rechts fahren. Wahrscheinlich überqueren wir dann weiter westlich des Flusses."

Mir gefiel der feuchte schwarze Sand überhaupt nicht. Deshalb trat ich aufs Gaspedal. Die Gäste fluchten, sie wurden durchgeschüttelt.

Wir jagten durch einen schmalen Wasserlauf nach dem anderen. *Nur nicht langsam werden*, dachte ich.

Endlich erreichten wir das andere Ufer und die Busse ruckelten wieder über sicheren Grund. Nun aber wurde die Piste unheimlich. Bisher hatten wir Spuren eines Fahrzeuges vor uns gesehen. Plötzlich war da nur Geröll. Alle hundert Meter ragte eine Markierung aus den Felsen. Die kaum erkennbare Piste stieg steil an.

Eine Moräne, durchzuckte es mich. *Wir fahren hier auf einer Endmoräne!* Das war so in der Karte nicht zu erkennen.

Hinter mir stöhnte Karin, eine Kölnerin. „Ich weiß, dass wir eine Abenteuer-Safari gebucht haben. Aber so gefährlich! Das hätte ich nicht gedacht! Hier ist keine Piste. Wo willst du denn noch hin?"
Ihre Angst war berechtigt.
Allmählich beschlich auch mich das Gefühl, dass irgendetwas schieflief. Im Rückspiegel konnte ich die angespannten Gesichter der Teilnehmer sehen.
Wir tauchten wieder in dichten Nebel, zwanzig, dreißig Meter Sicht. Kahles, graues Geröll. Vor meinen Augen verschwamm alles. War dies ein Traum?
Ich zuckte zusammen, als die Gäste im Bus aufschrien. Wir kippten zur Seite. Einen Augenblick lang drohte der Minibus umzukippen. Wir fuhren dicht am Hang. Mit einem Ruck hatte ich das Fahrzeug wieder unter Kontrolle, aber mein Herz raste. Was machte ich hier eigentlich?
Einer Eingebung folgend hielt ich an. „Leute, wir machen eine Pause. Gebt mir einen Moment Ruhe."
„Hier Pause?" Karin war entsetzt.
„Eine viertel Stunde. Dann fahren wir weiter."
Während die Gruppe sich in dem nebligen Gelände verteilte, zwang ich mich Ruhe zu bewahren. Irgendetwas lief fürchterlich schief. Wo waren wir? Kompass, Karte und Landschaft passten nicht zusammen.
Tief durchatmen.

„Ich gehe mal etwas die Gegend erkunden!" rief ich den anderen zu. „Ich bin in fünf Minuten wieder da." Schritt für Schritt entfernte ich mich von der Gruppe und spürte wie das gleißende Licht seinen Weg durch den Nebel fand. Ein eisiger leichter Hauch durchdrang die feuchte Luft. Ich kämpfte um mein inneres Gleichgewicht.

Es ist ein gewaltiger Unterschied, ob einen aus heiterem Himmel ein Missgeschick trifft oder man selbst für dieses Missgeschick verantwortlich ist. Wo hatte ich einen Fehler gemacht?

Ich beschloss, mich zu fokussieren und begann neben einen Felsen zu meditieren. Tief durchatmen, Arme hoch und ganz langsam zur Seite.
Als ich die Verbindung zu dem Raum spürte, in dem ich mich befand, drang eine Kraft aus dem Geröll in mich ein. Es war ein tiefes Brummen, das durch meine Füße vibrierte. Ich ließ die Hände sinken und blickte stumm zu den Wolken hinauf.
Das Brummen breitete sich aus in meinen Körper und eine eisige Hand griff nach meinem Herz. Ich wagte kaum, mich zu bewegen.

Über mir rissen die Wolken auf. Vor meinen Augen stieg eine Eiswand hoch. Es war ein Anblick, der mir fast den Atem raubte. Wie in Zeitlupe starrte ich hinauf und hinauf und hinauf, immer höher. Die Eiswand schien gar nicht aufzuhören. Überall bedrohli-

ches Eis mit Vorsprüngen, schwarzen Rissen, Crevassen und gewaltigen Eisnasen, wie von Riesenhand geschaffen.
Jegliche Luft entwich aus meiner Lunge.

Von der Eiskante des Gletschers aus, hoch oben, steil über mir, blendeten Sonnenstrahlen meine Augen. Eine entsetzliche Erkenntnis durchzuckte mich: Süden! Wir waren auf der Südroute nach Süden gefahren und dies war der Gletscher aller Gletscher, direkt vor mir.

Mir fiel es wie Schuppen von den Augen. Ich hatte den dümmsten und blödesten Anfängerfehler gemacht, den man nur machen kann. Einen Fehler, der nach fast acht Jahren Berufserfahrung, nach endlosen Trekkingtouren in Nepal, Neuseeland und Island kaum verzeihlich war; ein Fehler, der einem wie mir eigentlich nicht passieren durfte: Ich hatte den Kompass im Auto abgelesen. Natürlich war Norden immer dort, wo der Eisenblock des Motors saß! Wir waren ständig nach Süden gefahren, aber in dem naiven Glauben, es sei Norden.

Nach diesem einen kurzen Augenblick des Lichtes zogen die Wolken den Vorhang über mir zu. Die Gletscherwand verschwand. Nur das seltsame Brummen blieb in meinem Körper und klang wie ein Befehl des gigantischen Gletschers: „Verpiss dich, Menschlein! Was wagst du dich in meine Nähe?"

Auf weichen Knien kehrte ich zu den Autos zurück. Mein Gehirn arbeitete fieberhaft. Was sollte ich machen? Wie sollte ich mit der Situation umgehen?

Die Gäste standen bereits bei den Fahrzeugen.

„Habt ihr die Gletscherwand gesehen?" fragte ich.

„Ein Gletscher? Wo?"

Keiner außer mir hatte das Eis gesehen. Die Wolken waren an dieser Stelle nicht aufgerissen. Die Gäste hatten die ganze Zeit im Nebel gesessen und gewartet.

Ich rief alle zusammen und sagte: „Ich habe nachgedacht und mir nochmal die Karte genau angeschaut. Wir sind falsch. Wir sind hier auf der Südroute und müssen sofort umdrehen."

„Was, dieses ganze widerliche Stück zurück?", entgegnete jemand.

Eine heftige Diskussion brach aus.

Ich hob die Hände, um sie zum Schweigen zu bringen: „Hört zu, ihr könnt mich heute Abend grillen, vierteilen oder lebendig verspeisen, aber jetzt sollten wir keine Zeit verlieren. Lasst uns sofort umdrehen und losfahren. Hier wird es zu gefährlich."

Still und nachdenklich kletterten alle in die Busse. Wir starteten und holperten vorwärts, um einen Wendepunkt zu finden. Ein kleines Stück höher am Hang entdeckten wir ein einsames Schild, mitten im Geröll. *Utbrunn* stand dort und nach einem Blick auf die auseinandergefaltete Karte stellte ich fest, dass es sich um einen direkten Vorberg des Gletschers handelte, ein kleines Plateau, ein winziger Fleck vor einer weißen Gletscherfläche, auf die vier Hände passten.

Ich war dabei, den Wagen zu wenden, als wir ein Geräusch hörten. Ein riesiges Geländefahrzeug kam uns von Süden entgegen. Schwer arbeitend kletterte es den Hang zu uns herauf. Ich stellte den Motor ab, stieg aus und ging dem Fahrzeug entgegen. Alle Gruppenmitglieder klebten an den Scheiben. Ihre Blicke folgten mir.

Das speziell gebaute Geländefahrzeug kroch über die Kuppe und tuckerte auf mich zu. Über den zwei Meter hohen Reifen befand sich eine Kabine, aus der mich ein freundlicher Mann anlachte. Neben ihm saß eine Frau mit einem Kind auf dem Schoss

Sie hielten bei mir an, der Fahrer ließ das Fenster herab und grüßte: „Goden Dag!"

„Kommen Sie von Geisavötn?" fragte ich, den Kopf im Nacken.

„Jau, Jau..." antwortete er.

„Gibt es Probleme mit Treibsand?"

„Jau..."

„Sind da viele Flüsse zu durchqueren?" fragte ich weiter.

„Jau, jau..."

„Hohes Wasser?"

„Jau..."

„Wie hoch?"

Er zeigte auf den oberen Rand seiner Reifen, also etwa die Dachhöhe unserer Minibusse.

„Ist wohl besser, wir kehren um...!"

Er lachte. „Jau, jau..." und sagte auf Englisch, dass er die Strecke auch zum ersten Male gefahren sein und jetzt zur Askja wollte.

„Können wir hinter Ihnen herfahren?", wollte ich wissen.

„Jau, jau!"

Ich stieg wieder ein. Wir ließen die Isländer vorweg fahren. Ein so großes Geländefahrzeug mit einheimischem Fahrer in unserer Nähe zu wissen, beruhigte meine Nerven und hob die Laune.

Der große Wagen überkletterte die Geröllpiste. Ich entspannte mich. Thomas und ich begannen ein Gespräch. Am Fuße des Berges trafen wir wieder auf den endlos breiten Sander aus schwarzem Sand, den ich beim Hinweg für einen Fluss gehalten hatte.

Ein Sander ist ein großes, wüstenartiges Gebiet vor dem Gletscher, das sich in einen weiten See verwandelt, nachdem der Gletscher Wasser abgelassen hat. Dies kann durch vulkanische Tätigkeit unterhalb des Eises entstehen oder einfach im Tagesablauf, wenn viel warme Luft oben, tausend Meter höher über das Eis streift und Wasser abschmelzt. Dieses Wasser läuft dann in riesigen Strömen aus dem Gletscher.

Der Isländer vor uns gab Gas und jagte los über den schwarzen Sander. Auch wir legten an Geschwindigkeit zu und folgten ihm. Mir fiel auf, dass wir alle paar Sekunden durch kleine Wasserströme fuhren, die immer zahlreicher wurden. Ich weiß nicht mehr wie lange ich mit Thomas sprach, während der Bus durch die Priele sauste, doch plötzlich gingen bei mir innerlich alle roten Lampen an. Ich begriff, dass schon wieder etwas falsch lief.

Der Isländer kannte den Weg nicht! Statt dicht an der Ufermarkierung zu bleiben, an die wir uns beim Hinweg gehalten hatte, raste er mit seinem riesigen Gefährt in die schier grenzenlose Weite des Sanders hinaus! Er hatte keine Ahnung, wo diese zweite Markierung endete. Bestimmt nicht am Ufer zu unserer Linken, das geschätzte zwei Kilometer entfernt lag.

Den ganzen Morgen über hatte die Sonne von oben den Sander aufgeheizt, von oberhalb der Wolken. Als Folge lief er jetzt mit unglaublicher Geschwindigkeit voll und würde in Kürze von einer ein bis zwei Meter tiefen Wasserschicht bedeckt sein. Deshalb stiegen die Priele minütlich an!

Auf einmal war mir klar, dass wir und unsere Autos in höchster Gefahr schwebten. Der dicke Isländer würde mit seiner Fahrerkabine noch aus dem Wasser ragen, wenn wir längst abgesoffen wären.

Ich riss das Steuer herum und zwang den Wagen aus der Spur direkt in den schwarzen, sumpfigen Sand. Der Anhänger schwankte gefährlich. Ich schaltete kurz herunter und drückte das Gaspedal bis auf das Blech des Bodens. Ein stilles Stoßgebet war alles, was ich aufbieten konnte, während ich das Lenkrad einschlug und den Minibus in einem engen Kreis durch den saugenden und schlürfenden Sand quälte. Die Gäste rutschen auf eine Seite und schrien auf. Für ein paar Sekunden herrschte Chaos im Auto, aber dann schien jeder zu begreifen, worum es ging.

Mit einem Aufschrei der Erleichterung und heftigen Bocksprüngen des Fahrzeugs erreichten wir wieder die Spur und fuhren in die Richtung, aus der wir gekommen waren. Löblicherweise schaffte auch der Fahrer des zweiten Wagens das Manöver mit beherztem Schwung. Denn wenn er stecken geblieben wäre, hätten wir keine Zeit mehr gehabt, das rettende Ufer zu erreichen. Nun drehte auch der Isländer um und unsere drei Fahrzeuge eilten zurück, weg aus der Mitte des Sanders.

Das Wasser spülte inzwischen in breiten Bächen über den Sand und wir mussten ständig bremsen, um durch immer tiefere Wasserläufe zu fahren. In der Ferne sah ich die Uferstelle, an der wir vor Stunden vorbeigekommen waren und überlegte, ob wir es schaffen konnten. Die Zeit reichte nicht aus, um erst geradeaus in Richtung Land zu fahren und dann nochmal an der markierten Uferpiste zurück zu der Piste, die zur Nordroute führte.

„Was meinst Du, Thomas," fragte ich meinen Beifahrer, „schaffen wir es direkt, ohne Piste?"
Er blickte kurz nach rechts, sah mich wieder an und sagte: „Ja."

Ich riss das Steuer herum und wir verließen ein zweites Mal die Spur, diesmal in Fließrichtung der Bäche, das Ufer in Sicht. Die Minuten zehrten an unseren Nerven. Das Auto flog über den schwarzen Sand, krachte in die Priele und schoss wieder aus dem Wasser, um mit Vollgas dem Ufer entgegenzustreben.

In diesem Augenblick erschien ein Motorrad auf der Bildfläche. Vom Ufer her raste es uns entgegen! Der Fahrer nahm offenbar an, die Piste verlief dort, wo wir fuhren.

Thomas und ich schauten uns an und hatten den gleichen Gedanken: Vollkommen blöd waren wir nicht gewesen, wenn andere den gleichen Fehler machten. Der Motorradfahrer raste an uns vorbei, um wenige Minuten danach in einer wilden Kehre umzudrehen und hinter dem Isländer - mit uns gemeinsam - wieder das sichere Ufer zu suchen. Mit drei Fahrzeugen im Rückspiegel erreichten wir nach aufregenden Minuten endlich die steinige Piste am Rande des riesigen Sanders, die zurück zur Nordroute führte.

Vom Rest des Tages kann ich nur Mühseliges berichten. Nach fünf verlorenen Stunden erreichten wir die Kreuzung nach Nydalur, an der ich am Morgen den Kompass im Auto abgelesen hatte. Neun Stunden Mondlandschaft im Schritttempo folgten, eine zerschundene Piste mit scharfen Lavaformationen und überall Geröll. Doch zu wissen, auf dem richtigen Weg zu sein, war alles, was ich brauchte.

So kamen wir am Abend, nach sechzehn Stunden, erschöpft und müde an den Fluss vor der Hütte von Nydalur. Natürlich führte er inzwischen Hochwasser. Der Motorradfahrer, der uns zwischendurch davongefahren war, campierte bereits am Ufer; er wagte sich nicht durch das Wasser.

Mir war alles egal in diesem Augenblick. Der Anblick der hundert Meter entfernten Hütte auf der anderen Seite des Flusses zog mich magisch an. Mit letzter Kraft gab ich Gas und steuerte auf die Strömung des Gletscherflusses zu.

Mit einem Auto in einen Fluss zu fahren, erfordert starke Nerven. Das Wasser schlägt beim Eintauchen des Fahrzeuges bis über die Scheibenwischer. Die Windschutzscheibe verschwindet in den Fluten. Alle im Auto hielten schweigend den Atem an. Schon gurgelte das Wasser um uns herum und erreichte die Höhe der Fenster. In diesem Augenblick wusste ich, dass wir es schaffen würden, auch wenn der Moment den Mitfahrern Entsetzensschreie entlockte. *Ganz ruhig weiter im selben Gang.... Nicht den Fuß vom Gas, kein Deut schneller, wie mit einem Traktor hindurch.*
Es wackelte und schaukelte. Der Fluss klammerte sich gefräßig ans Metall.
Man steigt nicht zweimal in denselben Fluss, sagte einst der griechische Philosoph Heraklit. *Come on, come on, Baby ...*

Rumpelnd griffen die Räder unter Wasser in festen Boden. Unser Minibus kletterte am Ufer hoch. Die Rettung!

Geschafft!

Erleichtert tuckerten wir die letzten Meter zur Hütte. Mit Staub und Sand waren die Mühen des Tages abgewaschen, der Bus sauber.

Der Rest des Abends verlief allerdings enttäuschend. Keiner der Teilnehmer sagte ein nettes Wort zu mir, oder machte eine Bemerkung. Kein Verständnis. Schließlich hatte ich sie doch sicher an das Ziel gebracht, oder? Konnte man mir meinen Fehler nicht verzeihen?

Ich schlief als erster ein.

Nie wieder Island!

Am Morgen, sehr früh - alle anderen schliefen - trank ich, noch immer niedergeschlagen, Kaffee mit der jungen Hüttenwirtin von Nydalur.

„In der Tat" sagte sie. „Solche Vorfälle haben wir oft erlebt in den letzten beiden Jahren: Die Leute fahren aus Versehen die Südroute und ihre Fahrzeuge werden vom Wasser überrascht. Na ja, sie retten sich und kommen früher oder später hier an. Wir schicken sie dann mit Bergungsfahrzeugen zurück zum Sander, aber *schschschlllllt* - hier machte sie ein schlürfendes Geräusch - ihre Fahrzeuge sind verschwunden, nur einen Tag später. Der Sander hat sie für immer verschluckt!

Der fliegende Pilger

Kathmandu war Schock und Märchen zugleich. Schon mit der Landung begann es: Hoch über dem runden Tal kreiste das Flugzeug und wartete auf die Landefreigabe. Kathmandu ist einer der schwierigsten Flughäfen der Welt. Am Rande der Achttausender und von Bergen umgeben, liegt die Stadt jeden Morgen in dichtem Nebel, der sich erst in der Morgensonne auflöst.

Dreißig Minuten kreisten wir schon. In der Ferne sah ich die Gipfel der Achttausender.

Endlich sank die Maschine in eine enge Kurve und wir glitten durch den Nebel. Mit einem Ruck setzte das Flugzeug auf. Zwischen Senf- und Reisfeldern rollten wir in Richtung Flughafengebäude.

Auf einer breiten Straße ging es weiter nach Kathmandu an diesem winterlichen Morgen, an Ziegelbauten vorbei, hinter denen auf den Äckern die letzten Nebelschwaden in der Sonne verschwanden. Menschen mit Wollmützen und farbigen Hüten warten auf rostige Trolley-Busse.

Ich war erleichtert, wieder festen Boden unter den Füßen zu haben. Endlich. Die Flugangst wurde allmählich zum Problem.

Kurz nach dem Start in München waren wir in den Ausläufer eines Orkantiefs geraten und auf das Grausamste durchgeschüttelt worden. Der Flug war die reine Hölle.

Im Hotel Janak war ich gottseidank wieder ganz der Alte. Die Brüder Shresta erwarteten uns mit Kränzen aus orangenen Studentenblumen. Wir standen in der Rezeption. Der ältere der Brüder entzündete Räucherwerk am Tresen und dankte mit erhobenen Händen und einer angedeuteten Verbeugung. Was für ein liebevoller Ort! Überall Schnitzereien, Stoffe, Götter und Teppichboden. Man vergaß die stickige Hauptstraße vor der Haustür augenblicklich. Ein Ruhepol inmitten einer Welt bedrängender Geräusche und Gerüche.

Die Flugangst verfolgte mich nun schon seit vielen Monaten. Ungünstig, bei über vierzig Flügen im Jahr.

Das Problem hatte ein Jahr zuvor in Jakarta begonnen, mit einer stundenlangen Verspätung. Nachts fuhren wir über das Rollfeld zur Ersatzmaschine. Vor uns tauchte ein alter Jet auf. Wie Pflaster klebten große Flicken auf seinem Rumpf. Als wir einstiegen, waren die Sitze hochgeklappt. Zwei Mechaniker standen bis zur Hüfte im Boden und werkelten. Es war eisig kalt.
Augenblicklich stopften die Passagiere ihr Handgepäck in die Gepäckfächer, an denen Risse zu sehen

waren, mit Plastik zugeklebt, und wieder eingerissen. Das Flugzeug war voll bis auf den letzten Platz.

Während des Startes quietschten die Risse laut, öffneten und schlossen sich, je nach Erschütterung durch die Startbahn. Der Lärm war ohrenbetäubend. Kaum hatte der Flieger abgehoben, sackte die Maschine durch. Gleich mehrere ausgeleierte Verschlüsse der überladenen Gepäckfächer flogen auf. Taschen, Koffer und Souvenirs landeten in den Gängen. Die Stewardessen blieben angeschnallt und starrten gleichgültig ins Nichts.

Mitten im Steigflug schlug der Blitz ein. Eine Sekunde lang war es taghell. Gleichzeitig sackte die Maschine durch und ächzte wie ein lebendiges Wesen. Mir rutschte der Magen bis zum Hals. Menschen schrien auf. Ein weiterer Blitz schlug ein.

Das ganze Flugzeug begann zu zittern. Die Turbinen heulten. Alle Sitze begannen zu wackeln. Ich glaubte, die Nieten klappern zu hören. Mein Herz wummerte, haltlos und ohne Ende. Ich zitterte am ganzen Körper, ohne mich dagegen wehren zu können.
Steil aufwärts ging es, gnadenlos.

Endlich erreichten wir die Flughöhe. Doch die Turbulenzen schüttelten uns weiterhin. Das vergilbte Anschnallzeichen über mir flackerte ruhelos vor sich hin.

Einem dringenden Bedürfnis folgend, arbeitete ich mich auf dem Gang nach hinten durch. Im Heck war die erste der drei Toiletten abgeschlossen - *Out of Order* stand auf einem Schildchen.

In der zweiten Toilette funktionierte die Spülung nicht. Der Knopf hing an einem Kabel aus einem Loch.

„Ganz schön alt, die Kiste", meinte Kerstin, eine Teilnehmerin, die mit dem gleichen Bedürfnis hinter mir auftauchte. Ihre Stimme zitterte, während sie mit den Händen Halt in den ruckelnden Zuckungen der Maschine suchte.

Um sie zu beruhigen, sagte ich: „Keine Sorge, die Garuda Airline ist bekannt dafür, dass sie alle ihre Kräfte in die Wartung der Technik stecken und die Kabine etwas vernachlässigt."

Kerstin lachte. Sie glaubte mir nicht. Eine Stewardess bat uns, zu den Sitzen zurückzukehren und nicht vor den Toiletten zu warten.

Als ich wieder auf meinem Platz saß, meldete sich der Kapitän zwischen Schnarren und Rauschen aus dem Bordlautsprecher: „Ladies and Gentlemen... *chhssskrkrsssschsch*... turbulences... *ssskrkrkschhh*... India."

Die Stewardessen brachten die Getränke.

Ich hielt der hübschen Indonesierin mein Glas hin und bat um etwas Whiskey. Die Stewardess goss mir das Glas vier Finger hoch voll. Wahrscheinlich hatte sie Anweisung aus dem Cockpit.

Materialbelastung nennen die Ingenieure solche Unwetter. Einer der Gründe, warum sie gerne umflogen werden. Der andere ist *Customers Comfort*. Beides schien auf diesem Fluge nicht zu funktionieren.

Plötzlich wachte ich auf. Das Flugzeug ruckelte immer noch. Vom Bordpersonal war niemand zu sehen. Ich schwankte durch den Gang zur Küche und hörte hinter dem Vorhang aufgeregte Stimmen. Das Personal hatte sich in der Kombüse versammelt. Ein Stewart gestikulierte wild. Die anderen lauschen. Ich schob mein Whiskyglas vorsichtig in den kleinen Raum. Ohne sich richtig umzudrehen, schüttete eine der Stewardessen mir das Glas mit ausgestrecktem Arm randvoll.
So überstand ich den Flug.
Die Angst blieb.

Jetzt aber waren wir in Nepal und ich freute mich in den Bergen zu sein. Wir waren bereits eine Woche unterwegs auf dem kleinen Trekking. So nannten wir die Runde nördlich von Pokhara.
In dem kleinen Ort Ghandruk wohnten wir seit Jahren in der gleichen Lodge. Ich mochte sie. Im Gastraum bildete ein riesiger Tisch den gemütlichen Mittelpunkt. Ein bulliger Metallofen sorgte für Wärme. In einem Erker mit Fenstern lagen bunte, tibetische Polster auf den Bänken.
Dort saß ein Mann, ein älterer Nepalese. Vielleicht Mitte Sechzig. Er hatte außergewöhnlich große Augen und einen Blick, an dem man nicht vorbeikam.
„*Namasté*, Sir", grüßte ich höflich.
„Oh, guten Abend."

Der Herr wies mit der rechten Hand auf den Stuhl neben sich. „Sie sind der Führer dieser Gruppe? Es ist nett, Sie kennenzulernen."

„Ganz meinerseits."

„Auf Trekkingtour, wie ich sehe."

„Ja, wir laufen die kleine Route bis Chomrong und von dort nach Tadapani. Und Sie?"

Er rieb sich die Hände. „Ich bin auf dem Weg zum Berg Kailash. Ich bin Pilger."

„Und wenn Sie nicht pilgern?", fragte ich frech in sein Lächeln.

Er blinzelte nur. „Ich bin Millionär."

Ich lachte. „Sie sehen aus wie ein Millionär!"

Der Herr klatschte sich auf die Schenkel. Weiße indische Hosen, feines Tuch.

„Meine Vorfahren stammen aus diesem Dorf hier.", sagte er. „Ich bin in Indien aufgewachsen und lebe jetzt in England."

„Wie kommt man denn von Indien nach England?"

Seine Augen weiten sich. „Mit dem Motorrad."

„Nein …", stieß ich ungläubig aus.

„Doch, doch... ernsthaft. Es war ein Wettbewerb der London Times: Vom Ganges an die Themse. Den habe ich mit einem Motorrad gewonnen. 1951. Der Preis war ein Haufen Geld damals. Zehntausend Pfund." Er schmunzelte. „Mein Vater war sehr dagegen."

„Warum?"

„Weil ich in London meinen Flugschein gemacht habe."

„Als Pilot?"

„Ja, für Sportmaschinen. Huhhh..." Er lachte wieder und wedelte mit der linken Hand.

„Mein Vater war entsetzt. Ein gläubiger Hindu. Wir sollen es nicht wagen, mit den Göttern zu wetteifern!"

„Haben Sie als Pilot gearbeitet?"

„Ja, ich habe Brücken unterflogen."

„Wie bitte?"

„Unsere Aufgabe war, unter niedrigen Brücken hindurch zu fliegen. Das war gar nicht so einfach und wirkte sensationell. Die Presse fehlte nie."

Als die meisten der Gruppe satt und zufrieden schlafen gegangen waren und nur noch eine kleine Gruppe Karten spielte, saß ich wieder mit dem netten Gentleman zusammen. Wir tranken Ingwertee.

Er erzählte von den abenteuerlichen Jahren als junger Sensations-Pilot in England. Ich berichtete ihm von meinem Leben.

„Sie als Flieger", fragte ich ihn schließlich mit dem Gefühl, mich endlich jemandem anvertrauen zu können. „Haben Sie nie Angst beim Fliegen gehabt? Was macht man, wenn man unter Flugangst leidet?"

Der Gentleman schaute auf den Boden und schwieg eine Weile. Dann hob er den Kopf: „Wir Menschen sind nicht dafür geschaffen, zu fliegen", antwortete er und eine weitere Pause folgte.

„Um deine Angst zu verlieren, gibt es nur eine Lösung." Mit einer weichen Handbewegung unterstützte er seine Worte: „Fliege selbst... löse dich...

halte nichts fest. Alles in unserem Leben ist momentan, vergänglich und eine Laune der Zeit. Du möchtest dieses und jenes... aber in Wirklichkeit fliegen wir durch unser Leben, durch aneinandergereihte Augenblicke. Erst wenn du lernst, nichts festzuhalten, verlierst du da oben in der Höhe die Angst."

Im Flugzeug von Pokhara nach Kathmandu saß ich zehn Tage später direkt hinter den Piloten einer kleinen chinesischen Propellermaschine. Ein rotes Bändchen neben mir signalisierte den Notausstieg. Wenn man an dem Bändchen zog, flog die Ausstiegsklappe offenbar einfach weg.
Steil stiegen wir in den Himmel.

Das Leben ist ein ewiger Strom, dachte ich. *Nichts bleibt von selbst bestehen. Immer wieder müssen wir entscheiden, doch kein Entschluss ist ewig. Was dir heute als und monumental erscheint, ist morgen vom Strom der Zeit davongetragen. Wenn du verstehst, dass keine Entscheidung ewig gilt, verlierst du die Angst.*

Plötzlich verstand ich, warum die Buddhisten links um die heiligen Stupas, die Pagoden, herum gingen, dem Lauf der Sonne folgend. Wir Menschen sind reagierende Wesen - immer unterwegs im Kreis unserer Bedürfnisse und Wünsche. Wenn wir es schaffen, diesen Kreis zu verlassen und uns in einer Spirale langsam nach oben bewegen, sind wir auf dem Pfad der Erleuchtung. Eben noch im Kreis, auf dem Boden der Materie verhaftet, löst sich unser Geist und entwickelt sich durch Handeln auf seinem eigenen Weg. Durch Gefühle hindurch, mit starkem Willen verbunden, gelange wir hinauf in geistige Höhe wo Durchblick und Verständnis wirken. Dort, frei von dem Wunsch nach Sinnengenuss, wie Buddha es beschrieb, erreichen wir die höhere Ebene unseres menschlichen Bewusstseins.

Angst suchte man dort oben vergeblich.

Das kleine Flugzeug holperte durch die Luft. Tief unter uns lagen die Täler Nepals. Die Piloten umflogen dunkle Wolkentürme in spielendem Licht.

Plötzlich fühlte ich mich ruhig. „Was machen Sie gerade?" fragte ich die Piloten.

„Wir legen die Beine hoch und lassen die Maschine allein fliegen!", antwortete der Kapitän.

Der Copilot lachte.

„War nur ein Scherz!"

***

Drei Hühner beim Trekking

In Kathmandu ist vegetarische Kost zu empfehlen", sagte ich zu Beginn jeder Reise. „Später in den Bergen, wenn wir das Huhn vor dem Essen lebend sehen, ist es in Ordnung. Hier in der Stadt weiß man nie genau, woher das Fleisch kommt."
Ein Gast verzog enttäuscht das Gesicht. „Ich wollte aber heute Mittag ein Büffelsteak essen!"
Einige in der Gruppe nickten zustimmend.
„Gut", sagte ich. „Dann gehen wir als erstes durch die Schlachtergasse."

Nach der Schlachtergasse wollte niemand mehr Büffel essen. Es waren nicht die frisch geschlachteten Hühner, die an kurzen Seilen hingen oder die inmitten von Blutlachen wartenden Ziegen; es waren die Myriaden von grün schillernden Fliegen und die Schnauzen der Hunde, die das auf der Erde liegende Fleisch beschnupperten, überkletterten und bevölkerten.

Der Spaziergang zum alten Zentrum der Stadt war eine Mischung aus Tausendundeine Nacht, Traum und Kulturschock. Zu beiden Seiten der engen Straße ragten zweistöckige Häuser aus rotem Ziegelstein auf. Müllhaufen am Wegesrand, tote Ratten auf Dreckshaufen und Kinder, die mit Holzreifen spielten.

Die Läden öffneten - Krämer, Schneider, Apotheken. Am kleinen Shiva Tempel verrichteten Frauen ihre Puja, das morgendliche Gebet. Duft, Blumen und Fahrräder sausten mit Geklingel vorbei. Jeder schien ein Ziel zu haben, schwer durchschaubar, weit weg in der Ferne oder im nächsten Hofeingang.

Unser Ziel war das Trekking. Die erste Nacht im Gebirge verbrachten wir für gewöhnlich in einer kleinen Lodge, abseits der Touristendörfer. In dem Seitental verschwand die Sonne früh. Im einsamen Wald spürte man die Natur und das bäuerliche Leben in der Nähe. Das Haus war aus Holz und Stein, rußig und staubig vom offenen Küchenfeuer und den zugigen Verhältnissen. Ingwertee und Heiße Schokolade wurde gekocht. Affenschreie drangen durch die Dämmerung des Urwaldes.

Die Chefin Chandra war eine Frau im besten Alter. Sie freute sich jedes Mal über unsere Ankunft. Ihre Töchter halfen in der Küche. Gemeinsam schälten sie Knoblauch.
Chandra und ich kannten uns von zahlreichen Touren. Den Gästen und mir gefiel es in ihrer Lodge. Der *Dei*, ihr Mann, war unterwegs. Sie warf mir charmante Blicke zu. Wir waren wichtig für sie.
Von zwei Gästen, die aßen, tranken und übernachteten konnte die Familie leben. Wir kamen mit sechszehn Leuten. Kein Wunder, dass sie ein wenig flirtete und mir das Rezept ihres Curryhuhns verriet.

Die Frauen der Gurung sind anders als die Frauen in den Tälern. Sie kennen keine Unterwürfigkeit. Ihr Blick ist offen. Einige verehren die Geister der Natur. Die Töchter der Gurung bildeten früher in jedem Dorf eine Vereinigung. Wenn eine von ihnen einen Mann im Auge hatte, wurde dieser von allen Mädchen gemeinsam eingeladen und begutachtet. Wie benahm er sich, wie sah er aus, was redete er?

Am Abend wurde es kalt in den Bergen. In Fleece und Wolle eingemummelt saßen wir noch auf der Terrasse und tranken Tee mit Rum. Die Träger wärmten sich weiter unten am Hang an einem Lagerfeuer. Wir hatten ihnen eine große Flasche Rum ausgegeben. Eigentlich sollten sie auch an dem Fleisch teilhaben, aber das versprochene Curryhuhn war ausgefallen. Chandras Hühner waren im Wald verschwunden. Kein Problem. Wir aßen genauso gerne das *Dhal Bhat* für arme Leute: Reis, Linsen und Gemüse. Ein König, ein Essen, ein Lied, ein Volk.

Der *Dei* kam spät. Einige von uns saßen noch zusammen. Mit Humor, Raki und einem Büschel Hanf unterhielt er uns bis Mitternacht.

Am nächsten Morgen verließen wir den Bergwald in Richtung Ghandruk, an Terrassenfeldern vorbei, auf denen Hirse und Mais bis ins Tal zu sehen waren. Am Wegesrand Feigenbäume. Vor uns das Annapurna-Massiv.

Im Dorf Ghandruk ging die Planung der Übernachtung schief. Wie jede Trekking-Gruppe verfügten auch wir über einen Läufer, der morgens loslief, um die nächste Lodge anzumieten. Wenn er gut war, erreichte es das nächste Dorf gegen Mittag und reservierte die bevorzugte Lodge. Ein beliebter Job.
Unser Läufer war nicht schnell. Er kam zu spät. Deshalb übernachteten wir weiter oben im Dorf. Zunächst war ich enttäuscht, doch dann überraschte das Haus uns alle mit seiner Lage und Aussicht. Von der Terrasse aus hatten wir einen herrlichen Blick auf die Gipfel des Dhaulagiri.

Der Inhaber kam heraus und begrüßte uns. Er hieß *Ndawa* und nahm mich zur Seite. Seine Lodge war um ein Bett zu klein für unsere Gruppe. Er hatte nur noch eine Kammer mit Pritsche. Ob ich vielleicht in eine edlere Lodge um die Ecke wollte? War schon organisiert.
Ich wollte ihm Kosten ersparen und hatte eine Idee.
„Nein, ich bleibe gerne bei der Gruppe. Kein Problem, aber einen Wunsch hätte ich."
Der Inhaber hörte zu und lächelte.
Natürlich dürfte ich als Gegenleistung abends in seine Küche kommen. War sieben Uhr recht?

In der rauchigen Kammer öffnete ich als erstes die hölzerne Fensterluke und schaute hinaus. Draußen im Garten stolzierten die drei versprochenen Hühner um die Wasserstelle. Sie waren riesig und muskulös, als wären sie selbst mit Rucksack aus dem Tiefland hoch gewandert.

Beim Anblick der Hühner fiel mir Chandras Rezept ein: Je ein Drittel Baumtomaten, Zwiebeln und Knoblauch. Dazu Massala, Salz und Raki.
„Das Berghuhn gibst du in Stücken dazu!", hatte sie gesagt.

Beim Kaffee bestellten wir nacheinander den vorzüglichen Kuchen, den eine Teilnehmerin als erste entdeckt hatte. Ich nutzte den Moment und fragte nach Vegetariern. Zwei Hände gingen hoch.

Schweigend genossen wir den süßen Kuchen und das Panorama, als ein Schlag uns innehalten ließ. Danach ein zweiter und ein dritter. Automatisch blickten wir nach rechts zu der Mauer, aus deren Richtung das Geräusch kam.
Eine Hand stellte einen Hühnerfuß auf die Mauer und gleich daneben einen zweiten. Nach weiteren Schlägen standen sechs riesige Hühnerfüße auf der Mauer und sahen aus, als würden sie gleich anfangen zu tanzen.
„Ich möchte auch vegetarisch", schloss sich die junge Teilnehmerin an, die den Kuchen entdeckt hatte. Drei weitere stimmten zu.
„Leider zu spät", sagte ich. „Die Hühner sind tot."

In der Küche schlug mir Wärme entgegen. Es duftete nach Gewürzen und frisch geschnittenem Gemüse.

Der Raum war klein und voll mit fünf Leuten. Sie wichen zurück. *Ndawa* entpuppte sich als Küchenchef. „Bitte", sagte er und wies auf die Küche. „Der Läufer hat erzählt, dass du Koch bist. Wie kocht ihr in Deutschland Curryhuhn? Zeige es uns."
Die Küchencrew grinste. Brüder, Schwager und Schwestern.
Ich hatte nur darum gebeten, zuschauen zu dürfen.
„Bitte!", wiederholte Ndawa.
„Na gut", sagte ich und fühlte mich nicht ganz wohl in meiner Haut. Meine Bitte war offensichtlich zu aufdringlich gewesen. Dennoch beschloss ich, die Herausforderung anzunehmen und legte los. Auf einem runden Tablett lagen alle Zutaten geschnitten, gemörsert und gehäufelt. Wieder fiel mir Chandras Rezept ein.
„Rosinen?", fragte Ndawa, als ich die Zwiebeln mit dem Curry anschmorte.
Ich nickte. Warum nicht? Er öffnete eine kleine Schublade in einer Art hölzernem Büfett. Ein Beutel Rosinen kam zum Vorschein. Gelächter in der Küche.

Die Familie in der Küche schaute genau zu, wie ich das Curry zubereite. Ndawa, der seine Speisen bereits fertig hatte, backte einen Kuchen. Als Ofen diente ein Kasten aus Metall, der auf dem Lehmofen stand. Er zeigte mir stolz eine Sachertorte, die er aus einem Schrank zog. Sie sah genau aus wie eine Sachertorte aussehen sollte.
„Ein durchreisender Konditor aus Österreich hat vor einigen Wochen eine ähnliche gebacken", erklärte er

mir, „Ich habe genau zugeschaut. Bitte probiere doch mal."

Die Torte schmeckte perfekt. Der Duft des Kuchens überlagerte das Curry.

Mein Huhn wurde später allseits gelobt. „Schmeckt ja genau wie unser Curry!", stellte Ndawa fest und die anderen bestellten Speisen dazu: Tibetische Momos, Dhal Bhat, Dum Ka Mur, Pizza, sogar Schweizer Rösti.

Sein Essen war äußerst fein zubereitet.

„Ich habe ein Jahr in Tokio gekocht", erzählte er später ganz nebenbei, „ein Jahr in Kalifornien und ein Jahr in der Schweiz, in Pontresina. Aber hier, in meinem Dorf ist es am schönsten. Schmeckts?"

Ich nickte und lehnte mich müde zurück. Kein Wunder, dass ich mich selbst als aufdringlich empfunden hatte.

Die Brücke am Trishuli

Mugling war ein kleines nepalesisches Kaff und gleichzeitig ein wichtiger Ort. Hier zweigte die Straße nach Indien ab. In dem Straßendorf reihte sich ein Teehaus an das andere, dazwischen zahlreiche Bordelle. Tagsüber war es Busstation und Lastwagenfahrer-Treff, aber nachts wurde es zum Sündenpfuhl. Dann brannten Feuer aus Holzresten und Abfall vor den Läden und überall drängelten sich Männer im Halbdunkel. Hin und wieder hielt schon mal ein großer Bus aus der Hauptstadt, aus dem eine Männerschlange ausstieg und für eine Stunde in einem Hotel verschwand. Große, naiv gemalte Schilder erklärten Kondome - nach dem Motto "Kriegerkondom", das mit Schwert in den Händen angreifende kleine Feinde abwehrt.

Mugling lag am Fluss. Rechts und links stiegen Berge steil auf, gute tausend Meter. Dort wanderte man hinauf und war bereits in weniger als einer Stunde weit entfernt von der Zivilisation der Tiefe. Strohgedeckte, saubere Häuser zwischen denen sich die Schweine tummeln und gepflegte Felder; Jahrhunderte alte Traditionen.

Unsere Tagestour führte uns in einer anstrengenden Wanderung zum Manakamana Tempel hinauf, von wo aus wir nachmittags mit der neuen österreichischen Seilbahn zurück ins Tal fahren wollten.

An diesem Tag feierten die Einheimischen das Dashain Fest zu Ehren der Göttin Bagvati und ihrer dunkleren Seite Durga und Kali. Als wir ermattet und hungrig oben am Tempel ankamen, strömte uns auf der Straße Blut entgegen. Das Opferfest erreichte gerade den Höhepunkt und am Opferstein herrschte dichtes Gedränge.

Am hinduistischen Tempel fiel uns das Verstehen der Vorgänge schwerer als an der buddhistischen Stupa. Mit der Lehre des Buddhas kamen wir leichter zurecht. Buddha führte ein beispielhaftes Leben, wie Christus, weit entfernt von den archaischen Ritualen der hinduistischen Welt. Wie leicht war die Liebe zu allen Geschöpfen im Vergleich zum Töten eines Opfertieres! Oder ging es darum, dass große Liebe auch Opfer verlangte?

Hindus zu verstehen ist ein langer Weg entlang an einem breiten Fluss, der seit über viertausend Jahren Rituale und Zeremonien mit sich trägt wie Sand und Geröll. Die Gläubigen ziehen um den Tempel und läuten an der Tempelglocke. Höre mich, Gott! Ich bin anwesend.
Brahma, Vishnu, Shiva - Trimurti, Dreieinigkeit. In einem unsichtbaren Strahl fällt göttliches Licht in einen Diamanten und wird in das Farbprisma aufgespalten. Jede Farbe ein Gott, aber alle Götter eins. Wahre Göttlichkeit ist untrennbar – und lässt den nach Sinn suchenden nicht leicht wieder los. Entspre-

chend lag die Seilbahn wegen eines technischen Defektes still. Noch während wir erschöpft unsere Nudelsuppe schlürften, kam der Sidar zu mir und erklärte, dass wir entweder die vier Stunden zurückwandern mussten oder den steilen Weg direkt nach Mugling hinab, der um eine Stunde kürzer war.

Ich wählte die kürzere Strecke und stimmte die Gruppe auf den Abstieg ein. Die meisten hatten sich auf die Seilbahn gefreut, die so neu war, dass niemand sich Sorgen machte. Doch damit war es nun vorbei und anstrengende zwei Stunden lagen vor uns. Der Nachmittag war fast vergangen und wir wollten zum Abendessen im Hotel sein.

Wie so oft wanderte ich beim Abstieg als Letzter, um die Schwächeren in der Gruppe im Auge zu haben. Der mir unbekannte Steig war schwierig – anders als der Sidar versprochen hatte. Wir waren weit und breit die Einzigen, die diesen Pfad benutzten.

Die beiden kalkulierten Stunden stimmten nicht. Wir brauchten erheblich länger.

Als wir völlig erledigt und todmüde den Talgrund erreichten, war es dunkel. Wir sahen die Lichter von Mugling und die unseres Hotels auf der anderen Seite, etwas außerhalb. Doch der Trishuli lag zwischen uns. Im ohrenbetäubenden Rauschen des Flusses suchte ich die in der Karte verzeichnete Brücke.

„Da kommen wir nicht hin", erklärte der Sidar und zeigte mit dem Finger auf den Pfad, der zur Brücke führte. „Der Weg ist weggeschwemmt. Wenn wir nicht zurück nach oben wollen, müssen wir hier rüber." Er deutete auf die Hängebrücke, die unmittelbar vor uns über den Fluss führte.

Ich holte tief Luft. Die Hängebrücke verschwand weiter drüben in der Dunkelheit. Sie wirkte unheimlich, wackelig und brüchig.

„Da gehe ich nicht rüber", stöhnte ein Teilnehmer.

„Ich auch nicht!", rief Ilse, eine kräftige Frau.

In meinem Kopf arbeitete es. Wir waren wenige hundert Meter von unserem Ziel entfernt.

Doch dann schafften wir es. Sich zu vertrauen war von grundlegender Bedeutung. Ebenso Humor, egal wie sarkastisch.

Gemeinsam überquerten der Sidar und ich die Brücke vier Mal, um die Ängstlichsten Schritt für Schritt über die schwankenden Planken zu bugsieren und den beschädigten Hölzern auszuweichen.

Mir wurde dabei so schlecht, dass ich vor Angst fast die Nerven verlor. Die schwankende Brücke löste Panik in mir aus.

„Du hast ja Nerven aus Stahl", bemerkte Ilse voller Anerkennung eine Stunde später beim Essen im Hotel. „So cool und so ruhig."

„Ja", antwortete ich und nahm mit zitternder Hand einen kräftigen Schluck Bier. „Nett, dass du das sagst."

Aufstieg im Langtang

Manchmal wird man als Reiseleiter Zeuge einer unglaublichen Begebenheit.

„Ich wünsche mir nichts sehnlicher, als von einem Gipfel aus fünftausend Meter Höhe nach Tibet zu blicken", gestand mir Ralf, während wir am ersten von siebzehn Tagen Trekking langsam bergauf in Richtung Langtang stiegen. „Das ist mein Ziel. Deshalb habe ich diese Reise gebucht."
Wie er mir erzählte, waren ihm Frau, Job und jegliche Zuversicht abhandengekommen. Er war fünfzig Jahre alt und wusste nicht, wie es mit ihm weitergehen sollte.

Am nächsten Morgen gestand er mir, dass ihn Durchfall quälte. Das war nichts Ungewöhnliches. Das Essen in den Lodges schmeckte gut, aber man wusste nie genau, wo der Koch mit seinen Händen gewesen war oder ob das Wasser anständig abgekocht wurde. Erst Kohletabletten, dann Immodium hieß meine Devise.

Ralf hielt sich an mein Rezept und wir stiegen am nächsten Tag weiter auf, am Langtang Khola entlang, einem Wildbach, dessen Grundrauschen die Gruppe den ganzen Tag über begleitete. Im dschungelartigen Bergurwald herrschte fast tropisches Klima. Durch verschiedene Vegetationszonen ging es hinauf zu lichten Hochweiden und Blicken auf die Gletscher des Gebirgsmassivs Langtang Himal.

Diese Trekkingtour bis auf fünftausend Meter bedeutete in jeder Hinsicht auch für mich einen Höhepunkt – beruflich und privat. Doch ich durfte mir keinen Fehler erlauben. Mit der Höhe war nicht zu spaßen. Zierliche Frauen hielten manchmal besser durch als kräftige Männer, die vorher wochenlang trainiert hatten. Starke Kopfschmerzen, erhöhter Redefluss und seltsames Verhalten galten als Signale für ein Problem mit der Höhe.

Ralf zeigte keines dieser Anzeichen, aber der Durchfall nahm kein Ende und zwei Tage später fing ich an, mir Sorgen zu machen. Wie lange konnte ich ihn weiter mitnehmen? Wann zwang mich die Verantwortung, ihn in Begleitung eines Trägers zurückzuschicken?
„Bitte, Stephan", flehte er mich an. „Ich brauche diese Tour. Lass mich nicht zurück und erzähle den anderen bloß nichts davon."

Die Reise war existenziell für ihn und so nahm ich ihn mit, ohne die Gruppe von seinem Problem in Kenntnis zu setzen. Beim Wandern sprachen wir miteinander. Ralf erzählte von den Schicksalsschlägen, die ihm so schwer zugesetzt hatten.
Der Bergwald lag nun hinter uns. Über offene Almen ging es mit Blick auf die eisigen Gipfel des Langtang bis zum gleichnamigen Dorf.

Ralf zeigte keine Anzeichen von Höhenkrankheit und wanderte mit eiserner Disziplin, obwohl er sichtbar schwächer wurde. Der Durchfall hielt an, wie er sagte. Zwieback, frischen Ingwertee und Knoblauchsuppe konnte er zu sich nehmen.

An diesem Abend beschloss ich, eine Entscheidung zu treffen und zog Heike hinzu, eine junge Ärztin, die sich zu Beginn der Reise mir gegenüber als solche offenbart hatte.

„Ich kümmere mich um ihn", sagte sie, nachdem ich sie um Rat gebeten hatte.

Zwei Stunden später traf sie ihre Entscheidung. „Ich denke, er kann mit. Ich habe ihn untersucht und ihm ein Medikament gegeben. Aber er hat auch zugestimmt, die Gipfeltour von Kyanjin Gompa auszulassen. Er wird sich an diesem Tag ausruhen."

Erleichtert begrüßte ich Ralf am nächsten Morgen. Er schien gut geschlafen zu haben und stieg wacker mit uns auf, bis Kyanjin Gompa, dem Weiler auf fast viertausend Metern. Dort wohnten wir in einer bescheidenen Unterkunft. Außer einer Schweizer Käserei und einigen Häusern gab es auf dieser Höhe nichts.

Der Aufstieg zum Gipfel begann mit Frühnebel und Sonne. Einige aus der Gruppe legten einen Ruhetag ein. Heike, die Ärztin, blieb bei Ralf und überprüfte mit dem Sidar die Option, Ralf ausfliegen zu lassen, falls es notwendig war.

Ich startete mit dem Rest der Gruppe die Tagestour zum angekündigten Blick nach Tibet. Der Gipfel lag auf fünftausend Metern.

Als wir nach beinahe zwei Stunden unterhalb des Gipfels ein felsiges Geröllfeld erreichten, drehte ich mich um und sah in der Ferne eine geschlossene Wolkenlinie. Wie mit dem Lineal in den blauen Himmel gezogen.
Mir war sofort klar, was das bedeutete.
„Hey, Leute!", rief ich. „Wir müssen zurück. Wir brechen den Gipfelsturm ab. Das Wetter wird unangenehm und gefährlich."
„Warum?"
Jemand lachte und hob den Arm. „Die Sonne scheint!" Es war Peter, der eine laute Stimme hatte und seit Tagen seine Jeans als Wanderhosen pries.
Sein Unmut war spürbar.

Mir selbst fiel die Entscheidung auch schwer. Der Blick nach Tibet lockte mich genauso wie die anderen in der Gruppe, aber ich kannte diese Wolkenlinie. Sobald man sie während eines Fluges erreichte, war Schluss mit Blick auf die Erde. In so einer geschlossenen Wolkendecke lauerte immer Niederschlag.
„Seht euch die Markierungen an!", rief ich und zeigte auf die verblassten blauen Punkte an einigen Felsen. „Sie sind kaum zu erkennen! Rauf kommen wir, aber sehen wir diese schwache Markierung auch beim Abstieg noch? Es kann neblig werden oder in Strömen regnen."

„Ach, Stephan, stell dich nicht so an!", rief Peter.

In diesem Augenblick zog eine Gruppe von Franzosen an uns vorbei. Wir wohnten mit ihnen unter einem Dach. Sie winkten und lachten und kletterten an uns vorbei in das Geröllfeld, zwischen den vielen Felsen hinauf. Sie waren in Kleidung und Gerät gut ausgerüstet.

Peter schnappte nach Luft. „Und die? Was ist mit denen hier? Hat deren Führer keine Ahnung?"

Ich blieb bei meiner Entscheidung. Alle wussten, dass der Wanderführer das letzte Wort hatte.

Schweigend stiegen wir ab ins Tal. Nach einer halben Stunde begann es zu schneien. Leise weiße Flocken sanken herab und hüllten alles in milchiges Weiß. Man sah kaum die Hand vor Augen. Ich konzentrierte mich auf die Pfähle und markanten Formationen, an denen sich der vom Schnee bedeckte Pfad hinunter schlängelte. Peter rutschte aus. Er fluchte.

Von Schnee bedeckt und müde stapften wir die letzten Meter im Dunklen zur Unterkunft.

In der Hütte war es warm und gemütlich. Ralf ging es besser. Er bedauerte, dass auch wir den Gipfelsturm hatten abbrechen müssen. Für ihn war es ein erholsamer Tag gewesen. Er hatte am Nachmittag einen Spaziergang gemacht und Reis gegessen. Den neun Tagen Abstieg sah er voller Zuversicht entgegen.

„Wo sind eigentlich die Franzosen?", fragte jemand.

Die Franzosen kamen um Mitternacht. Am nächsten Morgen erfuhr ich, dass sie sich beim Rückweg im Geröllfeld mit den spitzen Felsen verirrt hatten.

Obwohl wir am nächsten Tag wieder abstiegen, ging es mit Ralf bergauf. Das blieb die acht Tage so bis zurück nach Kathmandu.
Ich war froh, mit der Hilfe von Heike die richtige Entscheidung getroffen zu haben. Ralfs Problem war ein seelisches und in Kyanjin Gompa hatte er sich selbst gefunden. Das schien er zu genießen, denn mit jedem Tag, an dem ich müder wurde, baute er auf.

Als wir am Ende der anstrengenden Tour in Kathmandu ankamen, fragte ich mich, ob diese harten Trekkingtouren wirklich das waren, was ich machen wollte. Nach fünf Jahren Nepal hatte ich genug. In Griechenland und Zypern wohnten wir in gemütlichen Hotels und ich verdiente auf Wanderstudienreisen sogar etwas mehr.

Mit den Brüdern Shresta im Hotel Janak hatten wir immer einen wunderbaren Abschiedsabend mit nepalesischem Festtagsmahl. Dazu organisierten sie Straßenmusiker für uns, die zu dritt für eine Dusche, gutes Essen und einen anständigen Lohn für uns aufspielten.

Ich hatte mir während des tagelangen Abstieges Gedanken über die Reise, die Gruppe und mich gemacht. Es war eine schöne Reise mit netten und humorvollen Menschen gewesen. Ralf war wie Phönix der Asche entstiegen und das war ein gutes Bild für die Abschiedsrede.

So sprach ich also an der Tafel stehend, nach dem Essen über unseren Aufstieg aus dem Tal hinauf zum Licht und die gemeinsamen Tage und nahm Ralf als leuchtendes Beispiel, der im Langtang auch ohne den Blick nach Tibet, seine Mitte gefunden hatte.

Ich selbst war stolz, die Reise gut geleitet zu haben und freute mich für Ralf. Wir hatten lange und gute Gespräche geführt. Mir gefiel das und ich hatte das Gefühl, ihm zu helfen. Also, es gab jeden Grund, mir auf die Schulter zu klopfen.
Bis kurz vor dem Abflug

Wir standen am Rollfeld und begaben uns in die Maschine. Vor mir wartet Ralf, neben ihm Heike, die Ärztin.
Ich traute meinen Augen nicht.
Sie hielten Händchen.
Ralfs Auferstehung hatte mit meinen Bemühungen nichts zu tun gehabt.

Taunggyi, Buddha und Ballons

Myanmar war ein Land der Überraschungen. Weit entfernt von dem erdrückenden Gewühl Indiens und Nepals und dem touristischen Ausverkauf Indonesiens und Thailands, zeigte es eine erstaunliche Mischung aus hoher Zivilisation und althergebrachter Alltäglichkeit. Modernisierung und tiefe geistige Zuversicht.

Der nagelneue Jet der Myanmar Airways, mit dem wir in Rangun landeten, gehörte Singapur Airlines. Das war die erste Überraschung. Ich hatte eine alte Kiste erwartet.
Beim Zoll wurde ich nervös. Wir tarnten uns als individuelle Touristen. In meinem Gürtel steckte die Reisekasse in bar, einige tausend Dollar, die ich am öffentlichen Umtausch vorbei schmuggeln sollte. Kein Problem, wie sich herausstellte. Der gerade beginnende Tourismus war stärker als der Zwang der Diktatur zur Kontrolle. Man ließ uns ohne weitere Prüfung durch.

Rangun war eine von Millionen von Lichtern erhellte Stadt und zeigte sich voll Spannung und Elektrizität. Wollte hier eine Diktatur von der Welt gesehen werden oder liebten die Menschen das Licht als Zeichen der Erleuchtung?

Am Hotel war Marktnacht. Überall brannten Feuer und Gasbrenner. An der Straße entlang siedete Öl in Woks aller Größen. Herrliche Düfte entstiegen den Ständen. Dazu elektronischer Schnickschnack aus Thailand, Wäsche und Süßigkeiten. Moderne burmesische Popmusik dröhnte an allen Ecken.

Wir checkten ein im Hotel. Ein schönes, einfaches Haus.

„Gehört Chinesen", sagte unser einheimischer Guide Willy, dessen Vater seit zwanzig Jahren als Regimegegner im Gefängnis saß.

Am nächsten Tag erkundeten wir die Stadt. Rangun hatte nichts „vom Charme der Kolonialzeit", wie die meisten Kataloge versprachen. Aber mit Städten der dritten Welt hatte dieses ruhige Dahinfließen von Geländefahrzeugen, Autos, Fahrrad-Rikschas und Lastwagen auch nichts zu tun. Es wirkte, als habe der Industriehammer noch nicht zugeschlagen. Von Armut keine Spur. Allerdings waren die Polizei und eine Stimmung der Zurückhaltung in der Bevölkerung deutlich spürbar.

Die Stadt war voller Pagoden, Himmelstreppen zur Erkenntnis, Symbole des aufstrebenden Geistes. Bete Buddha nicht an. Versenke dich angesichts seiner Statue und lasse seine Worte in dir wirken. Gehe den achtfältigen Pfad.

Während der Eisenbahnfahrt war das „Sich versenken" schwierig. Am Abend bestiegen wir den „Mandalay-Express" nach Thazi. Gezogen von einer alten Diesellok, verbrachten wir die Nacht sitzend im Großraumwagen zweiter Klasse. Neugierig schauten wir durch die geöffneten Fenster in die Dunkelheit. Viel war nicht zu sehen, doch das Gefühl, in einer fremden Welt zu sein, erfasste jeden von uns.

Der Zug fuhr langsam. Alle Augenblicke sprang der Waggon hoch. Unglücklicherweise war mein Sitz nur mit zwei statt vier Schrauben befestigt, was dazu führte, dass er bei jedem Sprung hinten hochschnellte und mir die Kiefer aufeinanderschlugen.
Der Kellner des Speisewagens balancierte mit Schwung Getränke von einem Wagon zum andern. Gläser flogen in die Luft und landeten nach einem halben Meter wieder auf seinem Tablett.

„Sag mal, Willy", fragte ich unseren Guide am anderen Morgen. „Passieren auf dieser Strecke manchmal Unfälle?"
„Oh ja", antwortete er, „bei unserer letzten Tour sprang die Lokomotive aus der Spur und fuhr in den Bahnhof. Zwei Pfeiler vom Dach mussten daran glauben." Er grinste. „Das wollte ich euch vorher nicht erzählen".

Am nächsten Nachmittag saßen wir in schmalen Booten und tuckerten über den Inle-See. Seine schwimmenden Gärten waren eine Sensation: morastige Inseln, von den Einwohnern mit Bambus im Seeboden verankert. Jedes Gemüse, das man sich nur vorstellen konnte, gedieh in dem von Reed getragenen Erdreich.

Die schwimmenden Gärten waren durch Kanäle voneinander getrennt, Verkehrspassagen für die Boote, beladen mit Früchten, Gemüse und Fisch. Die Klöster und Dörfer auf dem Wasser waren eine Welt für sich.

„Morgen findet das große Fest zu Ehren der Rückkehr Buddhas aus dem Paradies in Taunggyi statt", sagte der Abt im ehrwürdigen Nga Phe Kyaung Kloster mitten auf dem See. Mit einer Handbewegung ließ er eine Katze durch einen Ring springen.
Nicht umsonst hieß der Ort: *Das Kloster der springenden Katzen*.
„Tóndschi" sprach der Abt die Hauptstadt Taunggyi des Shan-Hochlandes aus. „Da müsst ihr unbedingt hin! Jetzt zeige ich aber erst einmal den Artikel den National Geographic über uns geschrieben hat."

Dem Rat des Mönches folgend, organisierten wir einen fakultativen Ausflug nach Taunggyi zum Ballonwettbewerb zu Ehren Buddhas. Taunggyi allein war Highlight genug, eine Grenzstadt vor dem verbotenen Gebiet des Shan-Hochlandes im Grenzgebiet zu Thailand. Deshalb kamen alle mit. In meiner Vorstellung schwebten Luftballons, eine Art Luftballon-Wettbewerb, der dort stattfinden sollte. Willy konnte nichts Genaues sagen. Auch er besuchte das Fest zum ersten Mal.

Wir erreichten die Stadt bei Einbruch der Dunkelheit. Wie so viele Orte im Land, wirkte sie erstaunlich wohlhabend und sauber. Auch hier leuchteten viele Lichter, am hellsten die große Pagode, auf die unser Bus zuhielt.

„Wegen des Festes gibt es heute einen Jahrmarkt", erklärte Willy, als wir durch Menschenmassen und am Rande der großen Pagode einen Parkplatz suchten. „Passt auf! Ziemliches Gedränge."
Er wirkte nervös.

Wir verließen den Bus und machten eine Zeit aus. Falls wir uns verloren, war der Parkplatz unser Treffpunkt. Sofort umringten uns hunderte von Menschen. Weit und breit war kein Fremder in Sicht, nur bunt gekleidete Einheimische, Burmesen, Shan und Chinesen. Wir waren nahe daran, uns in dem Gedränge zu verlieren. Doch Willy winkte und wir bildeten eine Schlange, um uns durch die Menge zu schieben. „Willy! Wo ist der Ballonwettbewerb?" rief ich. Er zuckte mit den Achseln, drehte sich um und tauchte in das Geschiebe.

Vorbei ging es an Buden und Ständen aus Bambus und Tüchern, Planen und Plastik. Hier gab es kein elektrisches Licht mehr, tausende von Funzeln, Bren-

nern und Kerzen ließen alles Nächtliche verschwimmen und lösten sämtliche Umrisse auf. Rechts und links des Weges hockten Wahrsager auf dem Boden auf ausgebreiteten Decken, Spielergemeinschaften lachten, Glücksräder drehten sich und an Essständen brutzelten Teigwaren. Der Platz war voll von Verkaufstischen und geschlossenen Zelten, hinter deren Planen sich wer weiß was abspielte. Überall staunende, lachende und aufgebrachte Menschen.
Die Sensation des Jahres.

Fritz, ein Bajuware aus unserer Gruppe, fiel durch seine Körpergröße von mehr als zwei Metern auf. Sofort erregte er die Aufmerksamkeit der Einheimischen. Man hielt uns für einen Teil der Attraktionen. Eine ausländische Gauklertruppe mit einem Riesen unter sich!
Einige Männer musterten ihn abschätzend, Frauen lachten, bis ihnen die Tränen kamen. Die Kinder hängten sich traubenweise und kreischend an seine Arme. Man bestaunte seine gewaltigen Ausmaße, was dazu führte, dass wir festsaßen und nicht weiterkamen.
Da Fritz ein Gemütsmensch war, ging er freundlich auf die Situation ein und hob einzelne Kinder zum Gaudi in die Höhe.
Kurz darauf kamen wir an einem Riesenrad aus Bambus vorbei. Gut zwanzig Meter ragte das Gerüst in den Nachthimmel hoch. Statt eines Motors trieben Kinder es an, kletterten hinauf, hängten sich an die herabsinkende Seite und hielten so das Riesenrad mit

ihrem Körpergewicht in Bewegung, während andere zu viert in Bambusschaukeln das Karussell genossen. Unser Münchener schob sich dorthin und half das Riesenrad wie ein Goliath mit den Händen zu bewegen, vom lustvollen Geschreie der Kinder begleitet.

Willy kam sichtlich unruhig und besorgt zu uns zurück. „Ich habe es gefunden!", rief er.

Kurz darauf erreichten wir den Platz, auf dem die Luftballons starten sollten. Es war nicht viel zu sehen. Ein Platz, so groß wie ein Fußballfeld, mit einem Seil abgesperrt. Menschen versuchten, die Absperrung zu überwinden und drängten über das Seil in die Mitte des Platzes. Polizei versuchte sie zurückzuschieben. Man bahnte uns einen Korridor durch die Menge. Ehrengäste sozusagen, seltene Fremde. Endlich im Zentrum des Platzes angekommen, entdeckten wir, wie Menschen jeden Alters riesige, zusammengenähte Bahnen von dünnem Stoff - oder war es Papier? - auf dem sandigen Boden ausbreiteten. Ein Lagerfeuer brannte. Junge Männer mit langen Bambusstangen von mehreren Metern in den Händen, rannten herum. Frauen verteilten Handteller große Windlichter in roten, blauen und grünen Plastikschalen auf dem Boden aus, hunderte an der Zahl.

Von irgendwoher begann rhythmische Trommelmusik, begleitet von Zimbeln und einfachen Blasinstrumenten. Die Menge begann zu tanzen. Die Zeremonie erinnerte an Tai Chi: Langsam wippende Bewegungen auf einem oder dem anderen Bein, mit erhobenen Armen, wie Marionetten, die an unsichtbaren Schnüren gehalten werden.

Am Horizont hinter den Bergen um Taunggyi stieg der Vollmond auf. Die hell erleuchteten Tempel an den dunklen Hängen in der Ferne wirkten wie zur Erde gefallene Sterne.

Die Leute schürten das Feuer kräftig. Dazu wurden einige der Bambusstangen genutzt, deren Ende mit getränkten Lappen umwickelt waren. Sofort brannten diese Fackeln lichterloh. Die jungen Männer mit den langen Bambusstangen ohne Lappen hoben die Stoffbahnen an. Wenige Meter vor uns wurde eine Öffnung im Stoff sichtbar, eine Art Ring von drei Metern Durchmesser. Mehrere Burschen schoben ihre Fackel darunter. Das Feuer qualmte und brannte in die Öffnung hinein. Jetzt erst wurde mir klar, worum es hier ging: Keine Luftballons, sondern diese Heißluftballons bildeten die Sensation des Wettbewerbes. Als könnte er Gedanken lesen, erklärte mir Willy: „Jede Gemeinde in der Umgebung hat ihren Ballon genäht und versucht ihn in die Luft zu bekommen. Der Ballon, der am weitesten fliegt, hat gewonnen."

Was zunächst mühsam aussah und von vielen Stangen angehoben wurde, entfaltete sich über den brennenden Fackeln. Je weiter sich der Ballon entpuppte, desto aufgeregter wurde die Stimmung. Die Musik hämmerte und die Zuschauer tanzten. Nach einer halben Stunde gaben die ersten Ballons ihre Ausmaße zu erkennen: Groß, sehr groß und ziemlich eindrucksvoll.

Als die Öffnung des Ballons vor uns etwa zwei Meter über dem Boden schwebte, und der Ballon wie eine Kuppel darüber, begannen Helfer die Windlichter am Boden zu entzünden und mit kleinen Haken an dem sich aufblasendem Stoff zu befestigen. Laut rufend, mitunter schreiend rannten die Organisatoren um den Ballon, feuerten die Mitstreiter an und mahnten gleichzeitig zur Vorsicht. Die Anzahl der Windlichter nahm zu. Es waren hunderte in farbigen Plastikschälchen, ein buntes flackerndes Durcheinander. Die Flammen ließen sie in ihren Farben aufleuchten.

Der Ballon vor uns richtete sich auf. Die Spannung stieg. Wie in einem Rausch verklärten sich die Gesichter. Die Musik, das Geschrei und die Flammen schienen den Ballon zu gewaltiger Größe anschwellen zu lassen. Unter den tausenden von Zuschauern machte sich Spannung breit.
Die Leute schoben das brennende Holz funkenstiebend unter die Öffnung, durch die heiße Luft nach oben stieg. Pure Kraft schien in den Ballon zu fließen. Voll konzentriert bewachten die Bambusstangenträger das aufrechte Aufsteigen der Hülle. Sobald sie zu einer Seite neigte, drückten die Wächter dieser Seite das Ende ihrer langen Stangen auf den Stoff und versuchten mit aller Kraft, den Ballon in aufrechter Stellung zu halten.
Immer mehr Windlichter hingen an dem Stoffballon - ein nicht endend wollender Strom von Licht.

Nun erst sah ich die Konkurrenz. Etwa dreißig Meter von uns entfernt hatte ein anderes Dorf ein ganzes Bambusgestell vorbereitet, ein Gitter von mehreren Metern Durchmesser, in dem ebenfalls hunderte von Windlichtern brannten.

Schwerfällig und federleicht zugleich erhob sich unser erleuchteter Ballon zu vollen Ausmaßen. Direkt unter dem Öffnungsring hatten Männer inzwischen brennendes Holz zusammengebunden, das wie ein funkensprühendes Lagerfeuer im Fluge den Ballon nach oben trieb.

Als der Ballon über zwanzig Meter aufgestiegen war und an Höhe gewann, machte sich Freudentaumel unter den Menschen breit, doch plötzlich setzte ein leichter Wind von den Bergen ein. Unter erschrockenen Rufen senkte sich der Heißluftballon und trieb zu uns auf dem Platz zurück.

Jetzt erst begriff ich, warum man den Platz abgesperrt hatte und die Polizei niemanden auf das Startfeld hatte lassen wollen. Dicht gedrängt standen wir da und konnten uns kaum bewegen. Es gab keine Fluchtmöglichkeit in der dicht gedrängten Menge.
„Stephan!", rief Willy und zerrte mich zurück. Das Ungetüm trieb auf uns zu. Nicht auszudenken, was geschah, wenn es auf der Menge landete und in Brand geriet.
Inzwischen hatte die Musik ausgesetzt. Kommandos wurden gebrüllt.

In letzter Minute entstand ein freier Raum als Landeplatz. Die Bambusstangenträger erwarteten den Ballon mit erhobenen Stäben.

Der riesige Ballon glitt über die freie Stelle und uns hinweg. Majestätisch erhob er sich wieder in die Höhe, wie ein gigantisches Pendel. Die Menschen raunten vor Erleichterung. War für ein Moment! Vierzig, fünfzig Meter über dem Boden schwebte der Ballon, um dann, von einem anderen Windhauch sanft getrieben, endlich in Richtung Berge und Vollmond davonzuziehen.

Mir kamen die Tränen. Die farbigen Windlichter am Ballon ergaben eine leuchtend im Himmel flackernde Schrift.

„Ein Satz zu Ehren Buddhas", sagte Willy. „Das geht die ganze Nacht so durch, einer nach dem anderen."

Buddhas Rückkehr aus dem Paradies, dachte ich. Was für eine schöne Botschaft. Wir alle haben die Chance, unseren Geist mit Licht zu erfüllen und unser Bewusstsein in die Höhe zu heben. Wir alle sind von einer materiellen Hülle umgeben, aber eben doch auch Wesen des Geistes, von höherem Atem und luftiger Gestalt. Es besteht immer die Gefahr zu sinken, aber letztendlich zieht es uns doch nach oben, in die Weite.

Eine ungewöhnliche Polonaise

Myanmar hielt auch Lustiges bereit. In der Nähe von Pindaya übernachteten wir in einem kleinen buddhistischen Kloster, einem hölzernen Gebäude auf Stelzen. In diesem Kloster und dem dazugehörigen Weiler waren noch nie Touristen gewesen. Wir waren die erste Gruppe.

Der große Raum, in dem wir schliefen, diente allen Belangen des Klosters, unter anderem auch den *Pondschis*, den kleinsten Mönchen als Schulraum.

Nach einer Stunde saßen zehn Pondschis in einem Halbkreis um Bernd, einen Pädagogen aus unserer Gruppe, und wiederholten mit Konzentration und sichtbarem Spaß die einzelnen Buchstaben des deutschen Alphabets. Im Schneidersitz beugten sie ihre Oberkörper bei jedem Buchstaben vor und konnten sich das Lachen dabei doch nicht ganz verkneifen.

Das Dorf lag an einem Bach. Unter den Wohnbereichen der Menschen lebten Hühner und Schweine. Auf den Äckern um das Dorf blühte gelber Senf.

Abends lud uns der Chief zum Essen ein. Seine ganze Sippe war in der Hütte anwesend. Auf dem Boden hockend feierten wir mit zwei Dutzend Menschen die Begegnung und teilten ein traditionelles Mahl.

Als wir uns verabschieden wollten, führte uns der Chief überraschend zu einem Platz, an dem sich das ganze Dorf versammelt hatte. An einem Feuer trommelten Musiker. Unsere burmesische Führerin erklärte mir, dass nun getanzt und mir die Ehre erwiesen wurde, als Erster mit dem Chief zu tanzen. Mir wurde heiß und kalt. Der Chief drehte bereits Kreise zur Trommelmusik.

Ich war völlig überrascht und sah mich in der Mitte des Platzes, umringt vom ganzen Dorf und unserer Gruppe. Der Chief wiegte sich bereits wie in Trance. In diesem Augenblick fiel mir Adonis ein, mein Busfahrerfreund aus Arkadien. Ein *Sembétiko*, dachte ich und startete mit den Beinen. Mit diesem griechischen Tanz zur burmesischen Trommelmusik rettete ich das Ansehen unserer Gruppe. Dachte ich zumindest, denn als wir einen deutschen Tanz vorführen sollten, nachdem die Dörfler für uns getanzt hatten, war unsere Reaktion zögerlich. In meinen Augen nahm der Abend eine unangenehme Wendung.

„Steven", erklärte die burmesische Führerin aufgebracht, „you had your fun, now it's their's."

Bernd, der Pädagoge, schlug eine Polonaise vor. Wir sangen das Lied *Polonäse Blankenese* zu den Trommelschlägen und tanzten dazu. Es passte. Die Dörfler kringelten sich vor Lachen, prusteten und tobten.

Eine tierische Reise

Kenia war vom ersten Augenblick an eine Katastrophe. Es begann mit dem Abflug von Amsterdam. Kurz vor der Abreise erhielt ich die Mitteilung, dass die KLM den Flug von nachmittags auf Mitternacht verschoben hatte. Es bedeutete, dass wir nicht am Abend, sondern am nächsten Morgen in Nairobi landen würden. Damit fiel die Übernachtung in Nairobi aus. Der *Gametruck*, der Bus, der uns in die Savanne bringen sollte, würde direkt am Flughafen auf uns warten.

Guide und Fahrer standen am Ausgang des Zolls. Der *Gametruck* war ein Lastwagen, auf dessen Ladefläche Sofas und Sessel montiert waren und ein Sonnendach. Neun Stunden Fahrt brachten uns zum Samburu Nationalpark. Auf abenteuerlich schlechten Straßen fuhren wir zwischen endlosen Wiesen und Feldern zum Mount Kenia. Dörfer säumten den Weg. Von Urwald, wie vor hundert Jahren beschrieben, war nichts mehr zu sehen. Ich versuchte, die Gäste mit der Geschichte Kenias zu unterhalten. Einige schliefen, andere versuchten mit gutem Willen zu lauschen. Ihre Augenlider klappten ständig runter. In den ungünstigsten Positionen lehnten sie sich aneinander oder sanken einfach quer auf den Sitzen nieder. Am Ende schlief sogar ich mitten in einem Satz ein.

Unser Ziel erreichten wir in der Dämmerung. Die Zelte waren feucht und das gute Essen aus der Campingküche konnte über diesen Umstand nicht hinweghelfen.

Wir waren müde genug, um schnell schlafen zu gehen.

Am nächsten Morgen bestiegen wir - mehr oder weniger ausgeruht - den Lastwagen und machten uns auf zur Tierbeobachtung. Drei Stunden schaukelten wir durch die Landschaft, ohne ein einziges Tier zu sehen. Unser Kikujo-Führer hob entschuldigend die Arme.

„Es hat geregnet und die Tiere sind in der Savanne draußen, nicht hier im Parkbereich!"

Endlich fanden wir einen alten Elefanten, der einsam in der Gegend herumstand. Langsam näherte sich der Lastwagen dem Tier. Die Photographen in der Gruppe rissen die Kameras hoch. Wir näherten uns auf etwa zwanzig Meter. Der Bulle stand neben einer Fieberakazie und schwenkte seinem gewaltigen Kopf und schüttelte die riesigen Ohren. Ihm fehlte ein Stoßzahn.

Der Lastwagenfahrer stoppte das Fahrzeug und stellte den Motor ab.

Wir beugten uns über die Seitenwände der Pritsche und bestaunten das riesige Tier. Der Elefant stampfte auf und schnaubte. Noch nie hatte ich so ein großes Tier in freier Natur gesehen.

Er hob den Rüssel und ließ ihn mit einem Trompeten-stoß niederfahren.

Plötzlich beugte sich ein Teilnehmer über die Seiten-wand der Ladefläche.

„Mein Kameraverschluss!" rief er. „Mein Kameraver-schluss ist runtergefallen!"

Unser Führer hörte die Rufe und blickte durch das Rückfenster. Er gab ein Zeichen, dass keiner unruhig werden sollte. Langsam öffnete er die Tür des Fahrer-hauses. Dann stieg er aus. Die Ruhe und Achtsam-keit, mit der er dies tat, verriet den Respekt vor dem Tier. Schritt für Schritt näherte er sich dem herunter-gefallenen Kameradeckel. Der Elefant beobachtete ihn und schnaubte. Der Führer bückte sich und hob das Plastikteil auf.

In diesem Augenblick scharrte der Bulle wild mit sei-nem Fuß und legte den Rüssel um die drei Meter hohe Fieberakazie. Mit einem Ruck zerrte er den Baum aus dem Boden. Die Wurzeln flogen in die Luft und Sandstücke durch die Gegend. Wütend warf das Tier den Baum zur Seite und rannte los, direkt auf uns zu.

Unser Führer sprang auf. Entsetzt hetzte er die vier Schritte zurück und riss die Tür auf. Er stemmte sich ins Führerhaus. Knallend schlug die Tür hinter ihm zu, während das mächtige Tier auf unser Fahrzeug zu rannte.

Der Fahrer trat im Leerlauf das Gaspedal bis zum An-schlag durch. Der Diesel heulte lärmend auf und stieß eine dicke Abgaswolke aus, die den Elefanten -

inzwischen nur noch wenige Meter von uns entfernt - abbremsen ließ. Erst stemmte die Vorderfüße in den Boden, stampfte mächtig auf und rollte den Kopf hin und her, als überlege er, ob er uns einen Stoß versetzen oder lieber Respekt haben sollte vor diesem stinkenden und lauten Ungetüm.

Später sagte unser Führer: „Es war gut, dass wir in einem Lastwagen sitzen. Die Kleinbusse werden manchmal von den Elefanten durch die Hohlwege gejagt und ziemlich ramponiert!"

Erfreulicherweise sahen wir dann doch noch eine ganze Herde dieser Tiere im Fluss baden. Wie eine fröhliche Familie tummelten sie sich dort unten in dem niedrigen, trägen Strom und duschten ihre Kleinsten mit den Rüsseln und lauten Geräuschen. Als sie sich nach einer Weile trollten, bildeten große alte Kühe mit scharfen, umhersuchenden Blicken die wachsame Nachhut. Eine dieser Elefantenkühe ließ uns bis zur letzten Minute nicht aus den Augen und verschwand dann zwischen den Bäumen in Richtung der weiten Savanne.

Zwei Tage später erreichten wir den Turkana See an der äthiopischen Grenze, ein tief kobaltblaues Gewässer inmitten der steinigen Wüste. Hier war vor zweieinhalb Millionen Jahren der erste aufrechte Mensch durch die damalige Savanne geeilt. Jetzt lebte der kleinste Stamm Afrikas in der Umgebung.

Als wir die runden Schilfhütten am Wasser erreichten und Quartier bezogen, warnte uns die Crew vor den Krokodilen. Den Strand des Camps sicherte ein Zaun im Wasser, da die Krokodile mitunter aus dem Wasser schnellten, um sich einen unvorsichtigen Menschen zum Abendessen zu holen. „Keine Schauergeschichten, sondern die Wahrheit!" versicherte unser Führer.

Mit großem Respekt spazierten wir am Wasser entlang. Keiner wollte baden.

Der Abend in der Wüste verging gemütlich und wir schauten bei lauwarmen Bier in den sternenklaren Himmel.

„Gibt es hier eigentlich Schlangen und Skorpione?" fragte jemand.

Ich überlegte. Die Frage klang ängstlich. Die Teilnehmerin fügte hinzu, an einer schweren Insektenphobie zu leiden.

Nach meinem Wissen gab es eine der gefährlichsten kleinen Vipern in der Gegend, deren tödliches Gift nicht nervenlähmend, sondern blutzersetzend wirkte. Wenn ich mir die vielen Steine so ansah, gab es mit Sicherheit auch Skorpione. Der Stich eines Skorpions schmerzt sehr und kann Lähmungserscheinungen hervorrufen. Das wusste ich aus eigener Erfahrung. Deshalb ging ich in die Küche des Camps und fragte den Koch, der aus der Gegend kam.

„Ach, Schlangen sind selten", sagte er, mit Töpfen und Tellern beschäftigt. „Skorpione... nein die gibt es hier nicht."

Mit dieser Aussage beruhigten sich alle und gingen ohne Sorgen schlafen.

Wie ich es vom Mittelmeer her gewohnt war, suchte ich - nachdem ich das Moskitonetz herabgelassen und alle Sachen auf einem Stuhl gepackt hatte - die Hüttenwände nach Ungeziefer ab. Zwanzig Zentimeter neben meinem Kopfkissen saß an der Hüttenwand ein Skorpion von der Größe eines Maikäfers.

Ich sicherte das Tier in einem Glas. Dem Koch würde ich die Meinung sagen!

Schlagartig fielen mir die Gäste ein. Sie hatten alle ihre Sachen in den Hütten auf dem Boden verstreut. Das war gefährlich. Also schlich ich nochmal von Hütte zu Hütte und sagte: „Na ja, vielleicht ist es doch besser, wenn ihr eure Sachen zusammenpackt und hochlegt."

„Gibt es doch Skorpione?" hörte ich die Teilnehmerin mit der Phobie fragen.

„Nein, aber man weiß ja nie ganz genau..."

Am nächsten Morgen eilte ich vor dem Frühstück mit meinem Musterexemplar in die Küche und fuhr den Koch an: „He, was ist das? Ich dachte, es gibt so etwas hier nicht!"

Der Koch drehte sich zu mir und schaute in meine Schale. Dann lächelte er, hob lässig ein dreißig Zentimeter großes Messer und deutete auf die Länge der Schneide. „So groß sind Skorpione! Was du da hast, nenne ich nicht Skorpion. Völlig harmlos!"

Die richtigen Skorpione saßen in den Palmen der Oase, sagte er, und die fielen mitunter auf diejenigen herab, die dort herumkletterten. „Das sind dann richtige Skorpione", meinte der Koch. „Und wenn du Pech hast, ist alles vorbei..."

Später segelten wir über den herrlichen weiten See und betrachteten die halbnackten Fischer am fernen Ufer. Sie standen bis zu den Hüften im Wasser und arbeiteten an ihren Netzen. Der See war ihre einzige Nahrungsquelle.

„Ich dachte, hier gibt es gefräßige Krokodile", sagte ich zu unserem Führer. „Was machen denn die Fischer dort im Wasser?"

„Ja, einige wird es erwischen", meinte der Führer. „Aber gefressen wird nur, wer mit einem schwarzmagischen Fluch belegt ist. Nicht die Krokodile sind wichtig, sondern nur die Flüche. Wenn es einen erwischt, wissen alle, warum!"

Zwei Tage später erreichten wir hunderte von Kilometern weiter südlich den Naivasha See. Wir wollten wieder Tiere beobachten, vor allem Flusspferde und buchten eine Motorbootfahrt. Wir wussten, dass Flusspferde zu den gefährlichsten Tieren Afrikas gehörten: wer auf ihrem Weg zum Wasser im Schilf stand, konnte in Panik leicht zertrampelt werden. Auch im Wasser, besonders in der Begleitung von ihren Jungen, war nicht mit ihnen zu spaßen.

Die Boote, in denen wir saßen, waren schmal und kippelten. Der Bootsführer saß am Heck und vor ihm fünf unserer Gäste. Ich hockte im Bug, mit dem Rücken in Fahrtrichtung und schaute alle sechs an.

Herrlich tuckerten wir über den See und der Führer lockte mit einem Pfiff einen beeindruckenden Seeadler aus den Bäumen am Ufer, der zur Vorstellung über uns dahinschwebte, um dann wieder zu verschwinden. Am Ufer lagen Krokodile in größerer Zahl im Schlamm.

Plötzlich deutete der Bootsführer auf eine Bewegung im Wasser. Er legte den Zeigefinger an die Lippen, als Zeichen zu schweigen und steuerte den Kahn in Richtung des unruhigen Wassers. Das zweite Boot zog vorbei und entfernte sich.

Auf einmal sprühte wenige Meter vor uns eine Fontäne aus dem See. Der Kopf eines Flusspferdes erschien an der Oberfläche. Es rollte die kleinen, gewölbten Äuglein und riss das kolossale Maul auf, so dass eine Welle entstand, die unser Boot zum Wanken brachte. Wasser spritzte über das Heck. Wir zuckten zusammen, auch der Bootsführer. Der Motor erstarb nach kurzem, unregelmäßigem Spucken. Schnaubend schwammen kleine Flusspferde um uns herum. Wir waren mitten in eine Herde geraten.

Ich sah, wie die Gesichtsfarbe des Bootsführers von Schwarz zu Grau wechselte. Schweigend drehte er sich um und zog mehrfach das Startseil durch. Der der Motor röchelte und soff immer wieder ab. Er stand auf und versuchte es im Stehen. Der Kahn wackelte bedrohlich, und die Frau, die direkt vor mir saß, rief mit vor Angst bebender Stimme: „Das habe ich doch gleich gesagt, das habe ich doch gleich gesagt... das geht schief!"

„Halt die Schnauze, verdammt nochmal!", sagte ich. Sie schwieg.

Meist half dem Reiseleiter Freundlichkeit. Doch manchmal nützen nur klare Worte.

Die Flusspferde umringten uns jetzt dicht und schwammen um unser Boot. Sie gaben laut gurgelnde und schmatzende Geräusche von sich. Wie versteinert saßen wir in einer Reihe. Kein Gesichtsmuskel rührte sich.

Der Bootsführer probierte mit eiserner Mine weiter, den Motor anzuwerfen. Schweißperlen rollten ihm über die Stirn. Eine falsche Bewegung eines dieser tonnenschweren Flusspferde und wir lagen alle im Wasser. Was dann geschehen würde, wollte man sich lieber nicht vorstellen.

Die Flusspferde dachten nicht daran, uns in Frieden zu lassen. Sie schoben die Jungen weg und kehrten zu uns zurück.

Jetzt wird es ernst, dachte ich.

In diesem Augenblick sprang der Motor wieder an. Er ruckelte stotternd, aber er lief. Gerade wollten wir in Jubel ausbrechen, da hob der Bootsführer mahnend seine Hand und gab ein energisches Zeichen.

Die Flusspferde steuerten wieder auf uns zu. Ohne die Tiere aus dem Auge zu lassen, drehte der Bootsführer das Gas auf und versuchte einen ruhigen Motorlauf hinzukriegen. Kurz bevor die Flusspferde die Bootswand erreichten, begann sich das Boot langsam in Bewegung zu setzen. Mit Fingerspitzengefühl ließ der Bootsführer die minimale Geschwindigkeit aufkommen und wir „schlichen uns" im wahrsten Sinne des Wortes aus der Herde und erreichten wenig später die freie Zone des Sees.

Als wir aus den Booten stiegen, tummelten sich Krokodile in der Nähe.

Die störten uns nicht mehr. Wer der Todesgefahr ins riesige Maul geblickt hatte, der ließ sich von ein paar Echsen nicht aus der Ruhe bringen.

Im Massai Mara Nationalpark sahen wir dann endlich die vielen Tiere der Savanne: Zebras, Zebus, Antilopen, Büffel, Giraffen, Hyänen und natürlich Löwen.

Das letzte tierische Ereignis der Reise ergab sich allerding in den Tagen am indischen Ozean. Die Reise endete südlich von Mombasa im Touristengebiet. Wir hatten Zimmer in einem romantischen Apartmenthotel mit Bambushütten am Meer gebucht. Ein Tauchkurs war angesagt.

Als wir kurz vor Sylvester eintrafen, teilte man uns mit, dass das Hotel überbucht sei und wir in ein anderes gebracht werden würden.

Das neue Quartier war ein riesiger Betonbunker, zwar mit vier Sternen, aber nicht was wir erwartet hatten.

Man brachte uns in die Zimmer im sechsten Stock mit Blick auf Garten und Meer. Die Frühstückshalle verfügte über zehn Theken für das Frühstücksbüfett. Drei Nächte waren geplant.

Der Tauchlehrer meldete sich telefonisch für den nächsten Tag an, und fünf Frauen aus der Gruppe wollten zum „Schnuppertauchen", um zu testen, ob sie den Tauchgang für fast vierhundert Mark buchen wollten.

Am nächsten Morgen - es war ein freier Tag - stand ich am Fenster und blickte auf den Swimmingpool hinab. Dort sollte nachmittags das Schnuppertauchen stattfinden. Das Hotel war überwiegend von reichen Afrikanern aus anderen afrikanischen Ländern besucht, eine Schar von Kindern tobte bereits kurz nach dem Frühstück freudig lärmend um den Pool und plantschte herzerfrischend in dem blaugrünen Wasser.

Am frühen Nachmittag machte ich einen Spaziergang und ging dann zum Treffen mit dem Tauchlehrer. Da stand ein athletischer, blonder Macho in Bermudashorts und Muskelshirt zwischen den wohlgekleideten Afrikanern in der Empfangshalle des Hotels und ließ sich lautstark über die miesen Restaurants des Ortes aus. Wenig später gingen die Frauen mit ihm zum Pool und ich nach oben in mein Zimmer.

Das Schnuppertauchen wollte ich mir dann doch ansehen und schaute von meinem Fenster hinab auf den Pool. Mit leichtem Schreck stellte ich fest, dass die Kinder nicht mehr da waren, aber ein pipigelbes Wasser hinterlassen hatten.

Die kleine Gruppe der „Schnuppertaucherinnen" standen bereits in voller Montur und stiegen in das Wasser. Der Tauchlehrer lud ihnen die Flaschen auf den Rücken und sie steckten sich die Atmungszufuhr in den Mund. Nach einer Weile standen sie bis zur Brust in einer Reihe im tieferen gelben Wasser vor ihm, er schien etwas zu erklären. Plötzlich wackelten ihre Köpfe merklich, tauchten dann aber ab in die überschaubare Tiefe des Swimmingpools.

Später fragte ich die Teilnehmerinnen, warum keine von ihnen einen Tauchkurs belegen wollte.
„Weißt du, was der zu uns gesagt hat, bevor wir getaucht sind?" sagte eine der Frauen fassungslos. „Los, Schnecken, jetzt geht´s runter!"

***

Im Nebel von Wales

In den Breccon Beacons hat mein Leben schließlich eine Wendung genommen, die bis heute anhält. Wahrscheinlich lag es am Zauber von Wales. Einundzwanzig Burgen, große Geschichte. Dazu Wälder und Berge. Im Süden ein altes Kohlerevier. Die Küste erinnert an Cornwall.

Die Wanderung im Mittelgebirge der Beacons begann bei dem kleinen Nationalparkcenter und sollte vier Stunden später an der Hauptstraße enden, wo uns der Bus abholte, damit wir die Bergwerksführung in der Nähe unseres Hotels in Rhonda noch rechtzeitig erreichten.

Für gewöhnlich wanderten wir die Strecke umgekehrt, aber eine Sperrung der Straße hatte zu dieser Alternative geführt. Ich hatte einen Kompass und gutes Kartenmaterial dabei.
Es war regnerisches Wetter, aber noch regnete es nicht. Ein leichter Wind beschwingte unsere Schritte. Wie immer erklärte ich den Weg anhand der Karte und vereinbarte mit der Gruppe einzelne Treffpunkte. Danach kümmerte ich mich um die Letzten und überließ den Schnellen den Genuss des Scoutings. Der Weg war gut erkennbar und markiert.
Nach einer Stunde Anmarsch begann der Aufstieg. Die Beacons sind zwischen achthundert und tausend Meter hoch. Gletscher haben sie glattgeschliffen.

Über steinige Wiesen führen die Pfade auf Kuppen mit weiten Blicken.

Eine Stunde, nachdem wir einen wichtigen Abzweig hinter uns hatten, änderte sich das Wetter. Der Wind legte sich und Nebel kam auf. Ich hatte den Schnellen erklärt, dass weiter oben ein gut gemähter und sichtbarer Weg nach Norden abzweigte. Dort sollten sie warten.

Jetzt gefiel mir diese Entscheidung nicht mehr, denn wir stiegen immer weiter und befanden uns schon viel zu weit oben. Ich kannte die Strecke aus der anderen Richtung.

Aus diesem Grund blieb ich stehen und überprüfte Kompass und Karte. Der Steig, auf dem wir uns befanden, war gefährlich. Weiter oben führte er dicht und steil an der Schucht entlang bis zur Passhöhe. Er war nicht geeignet für den Teil der Gruppe, der bereits vor uns im Nebel verschwunden war.

Plötzlich wurde mir klar, dass ich vor einigen Minuten das Gefühl gehabt hatte, an der Stelle der Abzweigung vorbeigekommen zu sein, an der für gewöhnlich der gut gemähte Weg von oben herabkam. Die Nationalparkmitarbeiter mähten die Wege jedes Jahr, so dass man sie wie kleine Straßen durch die Wiesen erkannte.

War das vielleicht in diesem Jahr nicht geschehen und hatten wir deshalb die Abzweigung übersehen? In jedem Fall musste ich die Gäste, die vor mir liefen, sofort anhalten und die Gruppe sammeln, bevor wir uns bei dem schlechten Wetter auf dem gefährlichen Pfad aus den Augen verloren.

„Anhalten!", brüllte ich in den Nebel und hörte, wie der Ruf sich fortsetzte. Ob die Nachricht die Ersten vorne erreichte, konnte ich nicht hören.

Ich rannte los.

Hechelnd und völlig aus der Puste schaffte ich es bis an die Spitze.

"Wir haben uns schon gewundert", sagte Ingrid, eine von den sportlichen Teilnehmerinnen, die gerne schnell wanderten. „Du hast doch von einer Abzweigung gesprochen. Bisher war davon nichts zu sehen."

Mir klopfte das Herz bis zum Hals. Wir konnten den gleichen Weg zurückgehen, aber dann platzte unser Bergwerksbesuch und der Tag war im Eimer.

Allmählich tauchten alle Wanderer der Gruppe auf und wir standen dicht gedrängt im Nebel. Ich spürte die erwartungsvollen Blicke.

Es wurde Zeit, eine Entscheidung treffen.

In diesem Moment hörten wir ein Geräusch. Es war ein leises schnaubendes Pferd. Der Nebel riss auf und eine Herde von Welsh Ponys graste friedlich oberhalb des Pfades.

„Oh, ist das schön!", rief Ingrid und alle näherten sich behutsam den Tieren. Während die Kameras gezückt wurden, atmete ich erleichtert auf. Das Glück schenkte mir einige Minuten zum Nachdenken.

Siggi, ein netter Teilnehmer, näherte sich und betrachtete mich. „Willst du ein Spielzeug für Männer?", fragte er mit tiefer Stimme.

Ich sah ihn erstaunt an.

„Hier", meinte er und drückte mir ein kleines Gerät in die Hand. „GPS. Neustes Gerät. Ich habe die Karte von Wales heruntergeladen. Weiter oben verläuft eine rote Linie. Ich glaube, das ist der Pfad."

Mit offenem Mund folgte ich den Bewegungen auf dem kleinen Bildschirm. GPS war mir bekannt, aber als Wanderführer der alten Schulte glaubte ich, keines zu brauchen, da ich mit Karte und Kompass umgehen konnte.

Doch jetzt war ich erleichtert und machte mich allein mit dem Gerät querfeldein auf den Weg, um die rote Linie zu finden. Die Gäste waren mit den Pferden beschäftigt.

Nach zehn Minuten stieß ich auf die rote Linie. Es war der richtige Weg. Ich erkannte einige markante Felsen. Wie ich angenommen hatte, war die Strecke nicht gemäht wie all die Jahre zuvor, aber hier, weiter oben, wuchs das Gras nicht so hoch und der Pfad war noch zu sehen.

Innerlich immer noch angespannt holte ich die Gruppe bei den Pferden ab und führte sie durch den Nebel auf den richtigen Weg.

„Sag mal gar nichts", meinte Siggi. „Das Gerät gibst du mir nachher einfach zurück."

Schweigend und offensichtlich von meiner Kenntnis des Weges durch den dichten Nebel tief beeindruckt, folgte mir die Gruppe über eine Stunde im Gänsemarsch. Als wir oben am Gipfel-Steinhaufen auf den gut sichtbaren Wirtschaftsweg stießen, der uns zum Bus führte, klatschten alle.

„So einen guten Wanderführer habe ich auf meinen vierunddreißig Reisen mit eurer Firma noch nie gehabt!", rief Ingrid. „Das werde ich als Rückmeldung geben."

Siggi zwinkerte mir zu. Am Abend bedankte ich mich bei ihm mit mehreren Pints im Pub unseres Hotels.

Eine Woche später kaufte ich ein GPS-Gerät. Es ist wichtig, im Leben zu wissen, wohin die rote Linie für einen selbst verläuft.

Als junger Mann habe ich geglaubt, ein berühmter Schriftsteller werden zu müssen, um es mir leisten zu können, die Welt zu bereisen. Doch vor dreißig Jahren lief ich einem kleinen Veranstalter von Wander- und Abenteuerreisen über den Weg und durfte die Welt entdecken, ohne berühmt werden zu müssen.

Was für ein Glück!

Inhaltsverzeichnis

Zeitfracht Medien GmbH
Ferdinand-Jühlke-Straße 7
99095 Erfurt, Deutschland
produktsicherheit@kolibri360.de